인생 명저 시리즈 2권

제목: 인간을 깨우는 책들

문학 · 역사 · 철학 속에서 삶의 본질을 묻다

이 시리즈는 10년 전 출간되어, 지금은 절판으로 구할 수 없는 책의 개정 증보판입니다.

3년 동안 1만 권의 책을 읽어 상상도 하지 못했던 작가의 삶을 살고 있는 김병완 작가가 EBS FM 고전 읽기에 매주 고정 출연하면서, 한 주에 한 권의 인생 명저를 읽고 그 책을 통해 인생의 지혜를 배우고, 위대한 질문을 던지며, 한 마디의 문장으로 요약하고, 그 책을 통해 다른 명저로 넘나들면서 책에 대한 인식을 확장시켰던 바로 그 코너, '김병완의 고전불패' 코너를 진행하면서 입체적인 시각으로 살펴보았던 명저들에 대해, 방송에서 시간상 밝히지 못했던 이야기를 작은 소책자 세 권으로 하나의 시리즈로 엮었습니다. 바로 [인생 명저 시리즈]입니다. 이 시리즈의 첫 번째 책은 인생을 바꾸는 책들 _ 인생 명저는 결코 우리를 배신하지 않는다 이며, 두 번째 책은 인간을 깨우는 책들 _ 문학 · 역사 · 철학 속에서 삶의 본질을 묻다 이며, 세 번째 책은 세상을 통찰하는 책들 _ 읽을수록 인생이 깊어지는 지혜의 지도입니다. 이 시리즈는 [김병완의 고전불패]의 개정 증보판입니다.

프롤로그 _ 인생 명저를 가까이하는 자는 절대 망하지 않는다

“나는 단 한 권의 책으로 완전히 바뀌었다.”

책은 인간의 운명을 바꾼다. 한 문장이 인생을 멈추게 하고, 한 구절이 삶의 방향을 돌려놓는다. 세상을 바꾸는 힘은 언제나 위대한 한 권의 책에서 시작되었다. 니체는 말했다. “책이란 얼어붙은 바다를 깨는 도끼여야 한다.”

그 한 문장은 내 심장을 꿰뚫었다. 나는 도끼를 찾아 나섰다. 그리고 직장을 내려놓았다. 삼성전자의 연구원이었던 나는 세상의 논리를 버리고, 3년 동안 1만 권의 책을 읽었다.

그 시간은 나에게 내면의 혁명이었다.

그때 나는 깨달았다. 많이 읽는 것이 아니라, 제대로 읽는 것이 인생을 바꾼다. 한 권의 명저는 백 권의 평범한 책보다 더 깊은 울림을 준다. 그 울림이 영혼을 깨우고,

잠든 사유를 깨운다.

“한 권의 위대한 책은 한 인간을 바꾸고, 한 시대를 일깨운다.”

책이 인간을 일깨우고, 깨어난 인간이 세상을 바꾼다. 그러니 책이 곧 혁명이며, 명저가 곧 진리다.

책을 많이 읽는 것보다 더 중요한 것은 무엇을 읽느냐이다. 세상에는 수없이 많은 책이 있지만, 그중 인간의 영혼을 흔드는 책은 드물다. 그 책들은 단순한 지식이 아니라 인생을 바꾸는 힘을 가지고 있다. 나는 그런 책들을 ‘인생 명저(名著)’라 부른다.

삼성전자의 연구원이었던 나는 어느 날 모든 것을 멈추었다. 그리고 3년 동안 오직 책만 읽었다. 1만 권의 책 속에서 나는 깨달았다.

“인생을 바꾸는 것은 양(量)이 아니라 깊이(深)다.”

그 깊이를 만들어주는 것이 바로 인생 명저다.

EBS FM 「고전읽기」의 ‘김병완의 고전불패’ 코너에서 나는 매주 한 권의 인생 명저를 통해 인간의 본질과 삶의 지혜를 탐구했다.

홍루몽에서는 인간의 욕망과 허무를, 페르 귄트에서는 자신이 되는 모험을, 꿈의 해석에서는 무의식의 세계를, 카라마조프가의 형제들에서는 인간의 죄와 구원의 경계를, 호밀밭의 파수꾼에서는 가식과 위선 속에서도 순수를 지키려는 외침을, 그리스인 조르바에서는 얽매이지 않는 자유의 영혼을, 캉디드에서는 세상을 바꾸기보다 자신을 바로 세우는 지혜를, 월든과 시민의 불복종에서는 고독 속의 각성과 양심의 자유를, 사기열전에서는 치욕을 넘어 위대함으로 나아가는 인간의 의지를 보았다.

그 20분의 방송은 내게 또 다른 인생 수업이었다.

명저를 읽는다는 것은 단순히 ‘지식을 얻는 일’이 아니다. 그것은 ‘삶을 다시 살아보는 일’이며, ‘생각의 구조를 새롭게 짜는 일’이다. 명저는 인간의 내면을 일

깨우고, 혼란스러운 시대 속에서 방향을 잡게 한다.

이 책은 EBS에서 다루었던 수많은 인생 명저 중 특히 내 삶을 뒤흔들었던 책들을 다시 모아 쓴 것이다. 방송에서 미처 다 전하지 못한 이야기, 책과 책을 연결하며 얻은 통찰, 그리고 명저가 내게 던진 깊은 질문들을 담았다.

명저는 인간을 변화시킨다. 그것은 세월이 흘러도 결코 낡지 않는 이유다. 인생이 흔들릴 때, 명저는 다시 중심을 잡아준다. 삶이 무너질 때, 명저는 다시 길을 열어준다.

한 가지 분명한 사실은 세상에 공짜는 없다는 것이다. 즉 인생을 바꾸는 인생 명저는 절대 쉽지 않다는 사실이다. 난해하고, 읽기 힘들다. 이것이 팩트다.

읽는다는 것은 해체하는 일이고, 해석한다는 것은 다시 태어나는 일이었다. 나는 매주 한 권의 책 속에서 죽고 다시 태어났다. 괴테는 『파우스트』 에서 말했다.
"인간은 끊임없이 노력하는 한 방황한다." 그 방황이

야말로 성장이고, 그 성장이야말로 깨달음이다.

명저는 바로 그 영혼의 방황을 정당화하는 빛이다. 그 빛을 따라가면 길이 되고, 그 길을 걷다 보면 자신을 만나게 된다.

" 책을 읽는 일은 단순한 행위가 아니다. 그것은 자신의 무지를 정면으로 마주하는 용기이며, 한 인간이 다시 태어나는 통과의례다."

명저는 인간의 내면을 발가벗기고, 그 속의 진실을 보게 한다. 괴로워도 끝까지 읽어야 한다. 이해되지 않아도 붙잡아야 한다. 그 끝에서 당신은 새로운 자신을 만나게 된다. 명저는 결국 영혼의 거울이다. 그 거울을 통해 사람은 자신을 비로소 본다.

이 책은 그런 명저들과의 대화록이다. 수많은 책 중에서도 인생의 본질을 꿰뚫는 문장들, 시대를 넘어 인간의 진실을 말한 저자들, 그들의 숨결을 한 자 한 자 담았다. 책은 인간의 삶을 비추는 빛이다. 그 빛을 잃지 않은 자만이 어둠 속에서도 자신의 길을 잃지 않는다.

그래서 나는 확신한다.

인생 명저를 가까이하는 자는 절대 망하지 않는다.

목차

- 존 레논의 살인범의 손에 들려져 있던 한 권의 책.
- 미국 중산층의 가식과 위선을 적나라하게 드러낸 책
- 호밀밭의 파수꾼 깊게 천천히 읽기
- 작가와 주인공의 세 가지 공통점.
- 샐린저만의 고유한 문학 스타일에 대해서.
- 가식과 위선의 세상을 지혜롭게 살아가는 방법.
- 호밀밭의 파수꾼을 한마디로 요약하면.
- 이 책을 재미있게 읽는 법.

제3장. 자유의 동의어 _ 그리스인 조르바.

- 모태인 대지에서 탯줄이 떨어지지 않은 사나이.
- 그리스의 국민 작가 니코스 카잔차키스 들여다보기
- 진정한 자유인을 만나다. 조르바.
- 이 책을 읽고 인생이 변한 사람들.
- 그리스인 조르바, 깊게 읽기.
- 위대한 질문 던지고 받기.
- 행복을 보는 시각 엿보기.
- 인생을 조르바처럼 살아보기.

에필로그 _ 흐르는 시간을 가볍게 보내지 마라.

" 인간의 마음 밑바닥에는 언제나 선과 악이 물결치고 있다."

– 도스토예프스키.

제1장. 아름다움이 세상을 구원할 것이다. _ 카라마조프가의 형제들.

" 인간의 마음 밑바닥에는 언제나 선과 악이 물결치고 있다."

– 도스토예프스키.

" 돈은 주조된 자유다. 그래서 자유를 완전히 박탈당한 사람들에게 돈은 열 배나 더 소중한 것이다."

< 도스토예프스키, [죽음의 집의 기록] 중에서 >

– 가장 충격적인 패륜 소설 근친 살해 소설.

이 책 [카라마조프가의 형제들]에 대해서 말해 보자.

이 책은 누구나 다 잘 알고 있듯이, 러시아의 대문호 도스토옙스키의 대표작이자 최후의 작품이다. 그리고 이 소설은 한 마디로 인과응보 즉 죄를 짓는 불완전한 인간과 그로 인해 발생되는 인간을 둘러싼 여러 가지 환경에서도 가족을 중심으로 엮어나간 인간의 추악한 내면과 남자들의 사랑과 욕망 때문에 빚어지는 혈투의 세계를 적나라하게 관찰하고 인간의 내면을 성찰한 작품이라고 할 수 있을 것이다.

그러한 인간의 추악한 모습들을 통해서 우리가 살펴 볼 수 있는 것들은 죄와 벌, 인간과 신, 인간과 가족에 대한 것들일 것이다.

100여 년 전에 쓰인 이 작품이 현대 사회의 비정한 모습을 가장 잘 드러내 주고 있는 소설이라면 믿을 수 있을까? 믿기 힘들겠지만 이 소설은 현대 사회의 모습을 그대로 담고 있다. 그것도 가장 추악한 인간의 내면을 담고 있다.

현대 사회의 비정함과 비인간적인 모습을 한마디로 말한다면 패륜이다. 그것도 근친 살해인 것이다. 그런데 이런 근친 살해, 패륜 소설이 100년도 더 이전에 써졌다는 사실이다.

더 놀라운 사실은 이것뿐만이 아니다. 이런 패륜 소설이 위대한 소설로 평가받고 있다는 사실이다.

[꿈의 해석]의 작가이자 정신분석학의 창시자였던 프로이트는 이 소설에 대해서 엄청난 극찬을 했다.

"지금까지 쓰인 가장 위대한 소설이다."

또한 영국의 시사 주간지 <옵저버>는 인류 역사상 가장 위대한 책 100권을 선정하면서, 이 책도 포함시켰다.

이 책에 대한 개인적인 평가를 말해 보라고 한다면 나는 서슴없이 이렇게 말할 것이다.

“ 100년이나 더 옛날 책이지만 현대인들의 패륜적인 범죄. 돈에 대한 탐욕, 이성에 대한 탐욕이 가장 잘 드러나 있는 놀라운 책 ”

그렇기 때문에 이 책은 현대 자본주의 사회의 거센 물결 속에서 아등바등 살아가고 있는 사람들이라면 모두 읽어야만 한다.

특히 그 중에서도 돈을 밝히고, 여자를 밝히는 사람들이라면 반드시 읽어야만 하는 책이다.

카라마조프 집안의 특성을 의미하는 단어인 ‘카라마조프쉬나(Karamazovshchina)’라는 개념이 있다. 이것은 곧 세기말을 맞이하게 될 러시아 사회의 묵시록적인 혼돈을 상징하는 것을 의미한다. 그런데 중요한 사실은 이러한 카라마조프적인 세기말적인 현상이 오늘 날 지구상 어디에서건 나날이 재현되고 있다는 점이다.

특히 부친 살해라는 것은 조금만 더 의미를 확장해서 보면, 종교적으로 신에 대한 반역이며, 정치적으로 혁명과 같은 행위라는 것을 누구나 쉽게 알 수 있다.

- 이 책에 대한 놀라운 진실 2가지!

이 책에 대해서 알게 되면 놀라게 되는 진실 2 가지가 있다. 그 중에 첫 번째는 카라마조프가의 형제들은 지금 우리가 읽고 있는 이 책이 1부이고, 나머지 2부는 미완성된 채로 집필되지 못한 채 영원히 사라졌다는 사실이다. 즉 이 책은 2부작으로 처음부터 구상되었고, 그렇게 집필하려고 애초에 그가 생각했었다는 사실이다.

이 책과 관련된 재미있는 이야기 중에 하나는 이 책이 도스토엡스키의 마지막 작품이라는 사실이 아니다. 그것보다 훨씬 더 재미있는 사실은 이 책을 그가 쉰일곱 살 때 쓰기 시작했는데, 처음에 그가 이 소설을 구상한 것의 반 밖에 그가 쓰지 못 했다는 사실일 것이다.

다시 말해. 원래 이 책은 도스토엡스키가 1부와 2부, 즉 두 편의 소설로 구상했고, 그 1부가 지금 우리가 읽고 있는 이 책이라는 것이다. 즉 2부는 그가 세상을 떠나는 바람에 집필되지 못 했다는 것이다.

바로 이런 이유 때문에 이 책의 주인공에 대해서 많은

사람들이 오해하게 되는 것이다. 이 책을 읽어보면 주인공이 누구인지 쉽게 알 수 없을 정도로 애매모호하다. 그리고 더 놀라운 사실은 많은 사람들이 조연 정도로만 알고 있는 사람이 사실은 이 책의 작가가 주인공으로 처음부터 정해놓고 이 이야기를 써 내려갔다는 사실이다.

두 번째 놀라운 진실은 이 책의 주인공은 첫째도, 둘째도 아닌 셋째라는 사실이다.

이 책을 읽으면 이상한 사실에 대해서 고민을 하게 된다. 고민은 아니더라도 한번쯤은 오해를 하게 된다. 그것은 바로 주인공에 대한 오해이다. 이 책의 작가는 주인공을 전혀 엉뚱한 인물이라고 말하고 있기 때문이다.

그런 탓에 이 책의 작가는 맨 처음에 독자들에게 양해를 구하는 듯 한 글을 썼던 것 같다. 다음과 같은 글이다.

" 나의 주인공 알렉세이 표도로비치 카라마조프의 전기를 시작함에 있어 나는 다소간 의혹에 빠져 있다. 그것은 다름 아니라 내가 비록 알렉세이 표도로비치를 나의 주인공이라 부르고 있긴 하지만 그럼에도 그가 전혀 위대한 사람이 아니라는 것을 나 자신이 잘 알고 있는 까닭에, 다음과 같은 종류의 질문들이 불가피하게 튀어나올 것임이 미리부터 훤히 보이기 때문이다. 즉, 당신의 주인공 알렉세이 표도로비치가 무엇 때문에 그렇게 뛰어나단 말인가, 당신은 왜 그를 주인공으로 골랐는가? 그가 무슨 그럴듯한 일을 했단 말인가? 누구에게 무엇으로 유명하단 말인가? 독자인 내가 왜 그의 인생의 사실들을 연구하는 데 시간을 낭비해야 한단 말인가?

마지막 질문이 가장 치명적인 것인데, 왜냐면 그에 대해서는 그저 '아마 소설을 읽다 보면 직접 보게 될 거다.' 라고 대답할 수밖에 없기 때문이다."

– 치명적인 매력 _ 사랑이 지나치면 부모도, 형제도 보이지 않는다.

이 책을 재미있게 읽을 수 있는 방법은 무엇일까? 그것은 이 책의 핵심 등장인물들의 사랑 구조를 토대로 책을 읽는 것이다.

『카라마조프가의 형제들(Bratya Karamazovy)』에는 한 가지 중요한 사상이 토대를 이루고 있다. 그것은 이것이다.

"만인은 만인에 대해 유죄 "

이러한 사상은 다른 말로 하면, "모든 사람들은 모든 사람들 앞에서 모든 일에 있어서 죄를 짓고 있는 것이다" 는 말로 구체화 될 수 있다.

그런데 이러한 사상이 가장 잘 적용되는 경우가 바로 등장인물들이고, 그 중에서도 바로 가족들임을 알 수 있다.

과연 등장인물들은 서로에게 어떤 죄를 짓고 있는 것일까?

이러한 사실을 살펴보면서 읽으면 더욱더 재미를 더해 줄 수 있을 것이다.

아버지가 점찍어 둔 여성인 그루센카를 오랜 만에 아버지를 찾아 온 첫째 아들 드미트리가 사랑하게 된다. 정말 아찔하다. 그런데 이 가족들의 얽히고설킨 사랑 구조는 이제 시작이다. 첫째 아들, 즉 형의 약혼녀인 카테리나를 그의 동생이자 둘째 아들인 이반이 사랑하게 되기 때문이다.

시쳇말로 이런 막장 드라마도 없을 것이다. 이러한 복잡한 사랑 구조가 담겨있는 책이 바로 이 책인 것이다.

하지만 우리는 이 책을 통해 위대한 질문을 하나 던질 수 있다.

" 어떻게 살아가야 할 것인가?"

심지어 가족들끼리도 자신의 이익을 위해서 싸우고 헐뜯는 이런 세상에서 우리는 어떻게 살아가야 하는 것일까? 우리가 살아가는 세상이 이렇다면 과연 이 세상을 만든 신은 존재하는 가에 대해서 의문을 가지지 않을 수 없게 된다.

바로 이것이다. 바로 이런 질문이 작가가 독자들로 하여금 던지게 하고자 했던 궁극적인 질문일 것이라고 필자는 생각한다.

" 과연 신은 존재 하는 가?"

- 도스토옙스키의 작품을 관통하는 하나의 사상.

많은 사람이 잘 알고 있듯이, 도스토옙스키는 매우 다양한 극단적인 삶의 경험을 했던 인물이다.

보통 사람들이 경험할 수 없는 삶의 마지막 순간인 사형 직전에 까지 갔던 인물이며, 평생을 생활고로 시달리고, 돈에 시달리고, 도박에 빠졌던 인물이다. 그는 교도소에도 들어갔고, 사형선고를 받기도 했고, 그 후 4년 동안 시베리아에서 유형을 받아야 했고, 또 4년간 몽골 국경 지역에서 강제로 군 복무를 해야 했다.

그 과정에서 그는 밑바닥 인생을 살고 있는 러시아의 민중들을 직접 만났을 뿐만 아니라 그들과 함께 생활하고, 그들과 함께 세상을 느끼고, 보고, 체험하며 살 수 있게 되었을 것이다.

그런 강렬하고 지독한 체험을 통해 그는 위대한 사상가가 될 수 있었고, 위대한 사상가들의 정신적 지주가 될 수 있었던 것이다. 니체, 프로이트, 사르트르 같은 20세기 사상가들은 그를 기꺼이 자신의 정신적 지주라고 부르기를 마다하지 않는 다.

사형수로서 죽음의 문턱까지 가본 생생하고 강렬한 체험을 토대로 그는 평생 누구보다 더 치열하게 살았을 것이기 때문이다. 그 덕분에 그는 영혼의 바닥을 들여다 볼 수 있었던 것이다. 그의 작품을 관통하는 하나의 사상은 아름다움이 이 세상을 구원하다는 사상이다.

세상은 부조리와 부당함이 넘치는 곳이다. 하지만, 이런 세상에서 절대 분노하거나 좌절하지 말고, 심지어 그런 삶에 매몰당하지 말고 살라는 것을 이 책은 말해주고 있다.

그러한 부당함과 부조리를 뛰어 넘고, 초월하여 세상을 아름답게 살아갈 수 있게 해 주는 단 한 가지 사실이 존재하기 때문이라고 저자는 말한다.

그것이 바로 ‘ 이 세상은 아름다운 곳이라는 사실’에 대한 각성이며, 그 아름다움은 이 세상을 구원하기에 충분하다는 것이다.

'이 세상은 충분히 아름다운 곳이며, 그 아름다움이 부조리하고 부당한 이 참혹한 세상을 구원하고도 남는다는 사실'을 이 책은 일깨워주는 것이다.

인간은 자신의 한계 안에서 선과 악을 인식하고, 자신을 평가해서 자신은 착한 사람이고 스스로 죄가 없다고 생각하거나 저 사람보다는 조금이라도 약간이라도 나은 사람이라고 스스로 생각한다.

바로 이런 맹점을 작가는 집어내는 것인지도 모른다. 그런데 그것은 자기 자신이라는 감옥에서 벗어나지 못하는 잘못된 생각이며, 오류이며, 오인이라는 것입니다.

인간은 무엇보다 자신의 관념의 틀 안에서 살아간다. 그 속에서 고뇌하고 고통 받으면서 살기도 하고 반대로 기쁨을 발견하고 기쁨을 누리면서 살아가기도 한다.

자신의 관념이 조금 더 넓은 사람의 경우, 이 세상이 비록 부조리하고 부당한 것으로 차고 넘친다 해도 그러한 세상에 매몰되지 않고 그러한 부조리하고 부당한 것들을 초월할 수 있는 더 큰 진리가 있음을 알 것이다.

도스토엡스키가 바로 그런 인물 중의 한 명이라고 필자는 생각한다. 그는 세상을 구하는 것은 아름다움이라고 생각했던 사람이기 때문이다. 이것은 사랑이 아름다운 것이라고 생각할 수 있기 때문에, [논어]를 통해 공자의 생각을 살펴보면, 결국 세상을 바꾸는 것은 사랑이라는 사실을 알 수 있다.

그래서 그의 작품은 세상에서 가장 아름다운 것을 더럽고 추한 일상의 모습을 통해서 끄집어낸다는 것을 알 수 있다.

– 돈을 벌기 위해 쓰고 또 쓴 위대한 작가.

그가 평생 관심을 가졌던 것은 돈이었다. 그래서 평생 돈 얘기만 하다가 돈 문제로 싸우다 돈 문제 때문에 죽었다고 말해도 과언이 아닐 정도였다라고 하면 믿을 수 있을 까?

보라. 그의 작품들 중에 돈 이야기가 나오지 않는 작품을 찾아보라. 절대 찾을 수 없을 것이다. 왜냐하면 모든 책이 돈 이야기에서 절대로 벗어날 수 없었기 때문이다.

도스토옙스키는 생존을 위해, 빚을 갚기 위해, 가족의 생계를 위해 평생 책을 쓰고 또 썼던 작가다. 그래서 불쌍하기 까지 하다.

그의 첫 번째 책 제목을 보라. [가난한 사람들]이다. 돈이 없는 가난뱅이도 사람이라는 것을 그는 세상에 말하고 싶었던 것이다.

부자였기 때문에 돈 걱정 없이 소설을 썼던 톨스토이와

전혀 달랐다. 도스토옙스키는 항상 톨스토이를 부러워했다. 톨스토이는 부자였기 때문에 원고를 고치고 또 고칠 수 있는 여유가 있었고, 이런 사실을 도스토옙스키는 부러워하고 또 부러워했던 것이다.

돈이 없어서, 생존을 위해, 돈을 갚기 위해, 돈을 벌기 위해 처절하게, 절박하게, 책을 쓴 사람의 내면에는 무엇보다도 자본주의의 원리가 그대로 응축되어 있었을 것이다. 그래서 그의 소설은 가장 현대적인 코드, 자본주의의 상징인 돈을 통해 인간과 세상을 성찰하게 하는 소설들이었던 것이다.

현대가 자본주의 사회로 발전하지 않았다면 그의 소설은 별로 큰 호응을 얻지 못 한 소설이 되었을 수도 있었을 것이라는 것이 필자의 생각이다.

도스토옙스키는 평생 가난하게 살았다. 톨스토이처럼 귀족 지주 가문에서 태어나지 못 했고, 돌봐야 하는 친척들도 많았고, 무엇보다 그는 도박으로 많은 돈을 자주 날렸고, 빚쟁이가 되었기 때문이다.

그가 원고를 길게 쓰고 조금 더 방대하게 쓰는 이유는 바로 여기에 있다. 원고를 길게 써야 원고료를 더 받을 수 있기 때문이다. 그리고 그러한 환경은 그로 하여금 위대한 문호가 되게 해 주었다.

필자에게 글쓰기를 배우기 위해 찾아오시는 분들이 적지 않다. 그럴 때 마다 필자가 꼭 해 드리는 말 중에 하나는 글은 반드시 엉덩이로 써야 한다는 것이다. 즉 많이 쓰는 사람이 잘 쓰게 된다는 것이다. 그래서 글은 정직한 것이다.

그리고 그 정직한 글은 글을 쓰는 이의 마음을 그대로 잘 투영해야 한다. 도스토옙스키의 마음속에 자리 잡고 있던 하나의 관념은 돈이었다. 그가 돈에 대해 다음과 같은 말을 할 정도로 그의 삶과 집필은 돈과 관련되어 있는 것이다.

" 돈은 주조된 자유다. 그래서 자유를 완전히 박탈당한 사람들에게 돈은 열 배나 더 소중한 것이다." < 도스토예프스키, [죽음의 집의 기록] 중에서 >

다양한 극적인 체험을 하고, 여러 가지 상황 때문에 평생 빚 속에서 허덕이며 살았던 인물이기도 한 그는 바로 그러한 남다른 삶을 통해서 현대 자본주의의 모습과 인간의 복잡한 심리를 내다볼 수 있었던 것이다.

'잔인한 천재' '대문호' '영혼의 선견자' '예언자' 등등 그를 수식하는 어마어마한 말들은 그의 심오함을 잘 대변해 주는 말들이다. 그의 책들은 모두 공통점이 있다. 매우 두껍고 길고 장황하다는 것이다.

그의 소설이 갖춘 이런 특징은 가장 큰 이유는 그가 빚을 갚기 위해 원고료를 한 푼이라도 더 많이 받아야 했다는 절박한 현실 상황에서 크게 벗어나지 않을 것이다. 다시 말해 그는 한 푼이라도 더 많이 받기 위해 원고를 길게 쓰고 또 길게 썼던 것이다.

그에게 책은 돈을 벌기 위한 하나의 수단에 불과했다고 해도 과언이 아닐 것이다. 그에게 책 쓰기는 집필이라기보다는 하나의 노동에 가까웠을 것이다. 그는 돈을 벌기 위해서 쓰기 싫은 날에도, 비가 오나 눈이 오는 날에도, 기쁠 때나 슬플 때에도 글을 쓰고 또 썼던 작가인 것이다.

그는 러시아에서건, 유럽에서건, 아침이건 저녁이건 한밤중이건 글을 썼다. 그래서 그가 전천후 작가인 것이다. 그렇기 때문에 우리는 그를 제대로 이해해야 한다.

그는 생존을 위해 써야만 했던 작가였다. 감옥에서 여생을 보내지 않기 위해서 책을 썼고, 빚을 갚기 위해 책을 썼고, 자식들에게 옷을 사주기 위해 책을 썼다.

그런 삶을 살면서 그는 자연스럽게 돈의 위력을 알게 되었고, 현대적인 소설을 쓸 수 있을 만큼 돈에 대한 의식이 높아질 수 있게 되었던 것이다.

그는 한 마디로 그 당시에는 찾아보길 힘들 정도로 돈을 이해한 사람이었다. 그는 돈을 읽어냈고, 무엇보다 돈을 필요로 했던 작가였던 것이다.

그의 작품들을 보면 하나같이 돈 이야기로 시작해서 돈 이야기로 끝을 맺고 있다. 첫 번째 책인 [가난한 사람들]도 돈이 없는 사람도 역시 사람이라는 것을 말한 책이다.

두 번째도, 세 번째도 그리고 마지막 까지도 돈에 대한 이야기인 것이다.

돈은 시간이고, 돈은 자유이고, 돈은 근원이고, 돈은 천국이고, 돈은 문학이고, 돈은 평등이라는 것이 그의 작품 속에 등장한다.

특히 이 책 [카라마조프가의 형제들]은 돈에 관한, 돈에 의한, 돈을 토대로 하는 소설이다. 좀 더 구체적으로 말을 한다면, 이 책은 3000루블에 관한, 3000루블에 의한, 3000루블을 위한 책이라고 말할 수 있다.

이것을 우리나라 돈으로 환산해 보면, 대충 5000만원이라고 한다. 5000만원은 아주 큰 돈은 아니지만, 그래도 평범한 사람들에게는 꽤 큰돈이다.

– 카라마조프가의 형제들을 한 마디로 요약하면.

이 책을 간단하게 한 두 문장으로 줄거리를 요약하면 이것이다.

'가장 충격적인 패륜 범죄인 부친 살해를 주제로 한 가족 소설.'

즉 패륜적인 아버지의 전형이자 러시아 악덕 지주의 표상인 표도르 카라마조프가 20여 년 만에 찾아온 아들들에 의해 패륜적인 범죄인 부친 살해의 당사자가 되었다는 이야기이다.

정말 충격적인 줄거리가 아닐 수 없다. 진짜다. 조금 더 자세하게 줄거리를 살펴보면 이렇다.

19세기 러시아의 한 소도시 지방의 지주이기도 하고 호색한이기도 한 표도르에게 이십여 년 만에 아들들이 찾아옵니다. 첫째 아들 드미트리는 재산문제를 담판 짓기 위해서, 무신론자인 둘째 아들 이반은 형의 부탁으로 그를 도우기 위해서, 독실한 신앙의 길을 걷고 있던 셋째 아들 알렉세이는 아버지와 형들을 안타깝게 지켜보는 관찰자로 말입니다.

세 아들들은 모두 독특한 개성을 가지고 있었다. 그들의 특성을 한 마디로 하자면, 연애 지상주의자 첫째 드미트리, 허무주의적 가치관의 소유자 둘째 이반, 기독교적인 가치관을 가진 가장 이상적인 성격의 셋째 알렉세이였다.

돈 문제로 20여년 만에 만나게 된 아버지와 아들 사이에 또 다른 문제가 생긴다. 바로 여자 문제였다.

첫째 아들은 아버지가 점찍어 둔 그루셴카에게 반해 버리고, 둘째 아들은 형의 약혼녀인 카체리나에게 반해 버린다. 결국 재산 문제를 해결하기 위해 왔다가 여자 문제로 분노와 갈등은 더 깊어져 갔고, 어느 날 밤에 표도르는 살해 된 채 발견되고, 그 결과 드미트리는 친부 살해범으로 체포되고 만다.

엄청난 일이 벌어지고 나서야, 표도르 가문은 갈등과 부조리에서 벗어나 셋째 아들 알렉세이에 의해 그리스도적인 사랑을 찾게 된다.

이 책을 한 마디로 요약하라고 누군가가 나에게 요구한다면 필자는 일말의 주저함도 없이 다음과 같이 말할 것이다.

"인간의 추악함을 통해 인간과 삶의 지고지순한 아름다움을 노래한 책 !"

뭐라고? 추악한 인간들의 지저분한 모습들로 가득 차 있는 이 소설을 어떻게 인간과 삶의 지고지순한 아름다움을 노래한 책이라고 말할 수 있나요? 라고 의구심을 던질지도 모른다.

하지만 잘 생각해보자.

모욕과 수치, 증오와 보복, 부친 살해와 자살, 수탈, 쟁취 등과 같은 인간 영혼의 온갖 추악한 면을 드러내 보여주는 이 책이 진정 당신들에게 그리고 더 앞으로의 후손들에게 보여 주고 싶었던 것이 과연 무엇일까?

인생은 별 볼일 없는 것이고, 인간은 모두 더러운 쓰레기일 뿐이라는 것일까?

아니다. 절대로 아니다.

이 책을 통해 도스토예프스키가 말하고자 했던 것은 이것이었다.

" 인생은 아름답다는 것이다."

즉, 인생은 아름다운 것이며, 아름다운 인생을 살아가는 모든 인간들의 가장 소중한 권리는 행복한 삶을 살아가는 것임을 말하고자 했던 것이다. 그리고 그러한 행복한 삶은 신이 인간에게 부여한 의무이기도 하다고 말한다.

– 모든 것이 과연 허용되는가?

이 책의 독자라면 그저 감상과 충격에 젖어 멍하니 앉아 있어서는 안 된다. 세상에서 가장 위대한 소설을 읽은 독자들이기 때문이다. 그렇기 때문에 가장 위대한 질문을 던져야만 한다.

이 책을 읽은 독자들이 던져야 하는 가장 위대한 질문은 무엇인가?

바로 '과연 인간에게는 모든 것이 허용되는 것인가?' 라는 질문일 것이다.

이 질문을 조금 더 다른 표현으로 한다면 이런 질문들일 것이다.

"부조리하고 탐욕이 넘치고 추악한 이 세상에서 우리는 어떻게 살아가야 할 것인가?"

"서로 사랑하고, 아껴 주기에도 부족한 가족 끼리 서로 증오하고, 싸우고, 죽이고, 스스로 자살할 정도로 추악하고 더러운 영혼들이 살아가는 이 세계에 과연 신은 존재 하는 가?”

즉 신이 존재하지 않는 다면 모든 것이 허용될 수 있을 수도 있을 것이다. 물론 아닐 수도 있고, 의견이 분분해 질 것이다. 하지만 신이 존재한다면 얘기는 달라진다. 신이 존재한다면 모든 것들 중에 많은 것들이 허용되지 않을 것이다.

그런 것들 중에 하나가 ‘자살에 대한 선택’이다. 이 책에서도 자살을 선택한 인물이 있다. 그리고 지금 우리가 살아가고 있는 이 세상에는 자살을 선택하는 사람들이 한 두 명이 아니다. 특히 한국 사회는 자살률이 가파르게 성장하고 있고, 청소년 자살률, 성인 자살률이 세계적으로 가장 높은 나라 중에 하나가 되었다.

과연 자살은 개인의 문제인가? 그리고 과연 자살은 올바른 일인가? 허용되어서는 안 되는 일인가? 우리는 이런 질문을 스스로에게 던져보아야 할 것이다.

앞에서 언급했던 것처럼 행복한 삶이 신이 인간에게 부

여한 의무라면, 그 의무를 다하지 못 해 힘들게 살아가는 사람들이 스스로 목숨을 던지는 자살을 선택했다는 것은 스스로에게 벌을 주는 것이 되는 것인가? 아니면 행복한 삶도 살지 못 한 의무 소홀과 함께 신이 부여해 준 고귀한 생명을 스스로 거부해 버리는 신에 대한 반항 이라는 큰 죄까지 짓는 것일까?

이 지점에서 우리는 또 다른 질문을 던질 수 있을 것이다.

" 인간이란 과연 어떤 존재인가?"

독자들 스스로 이 질문을 던지고 또 던질 수 있어야 할 것이다. 정답은 없다. 하지만 우리는 끊임없이 던져야 한다. 조금 더 나은 답을 찾기 위해서 투자한 시간과 노력만큼 우리는 더 나은 인간이 될 수 있기 때문이다.

– 꼬리에 꼬리 물기 _ 고전 넘나들기

'김병완의 고전불패' 라는 코너를 진행하면서 필자가 해 온 것 중에 하나인 꼬리에 꼬리를 물기는 고전을 좀 더 폭넓게 이해하여 더 깊이 지혜와 의식을 확장시키기 위해서이다.

이 책에서 먼저 꼬리가 되는 부분은 이 책의 숨겨진 주인공이면서 동시에 진짜 주인공인 셋째 아들 알렉세이의 마지막 연설 장면에서 나오는 말이다.

" 삶을 두려워하지 마십시오! 뭐든 참되고 좋은 일을 한다면 삶이란 정말 좋은 것입니다." 554p

이 말과 연관성이 있는 말을 니체의 [차라투스트라는 이렇게 말했다]에서 찾을 수 있다.

" 인간은 짐승과 초인 사이에 놓인 밧줄이다. 심연 위에 놓인 밧줄이다. 저쪽으로 건너가는 것도 위험하고 건너가는 과정도 위험하고 뒤돌아보는 것도 위험하고 무서워서 멈춰 서는 것도 위험하다."

" 인간의 위대함은 그가 다리일 뿐 목적이 아니라는 데 있다. 인간의 사랑스러움은 그가 과도이며 몰락이라는 데 있다."

여기서 과도는 건너가는 존재를 의미하며, 몰락은 내려가는 존재를 의미한다. 즉 너무 완벽한 상태여야 하는 것은 아니라는 말이다. 인간의 사랑스러움은 부단히 도전하고 건너가는 데 있을 뿐만 아니라 실패하고 실수하는 미숙한 불완전한 존재라는 데 있다는 것이다.

그렇기 때문에 삶을 두려워할 필요는 없다. 참되고 좋은 일을 한다면 실패하거나 실수를 해도 그것조차도 좋은 것이며, 사랑스러운 것이기 때문이다.

이 책을 보면 굉장히 많은 애정과 증오의 사례가 많이 나온다. 아버지가 아들, 형제들, 이웃 사람들이 모두 미워하고, 증오하고, 다투고 있다. 그런데 이러한 미움도, 그리고 사랑도 결코 그것이 등장인물들을 나쁘게 평가해야 할 증거는 되지 못 한다.

[논어]를 보면, 공자는 이런 말을 한 적이 있기 때문이

다.

“ 오직 사랑을 일구고 공평한 사람만이 함께하는 사람을 제대로 좋아할 수 있고 함께하는 사람을 제대로 미워할 수 있다.”

공자의 말대로 생각해 본다면, 이 책에 나오는 등장인물들은 더럽고 추악한 인물들이 아니라 오히려 사랑을 일구고, 공평했던 사람들이라고 할 수 있다.

20세기 문학과 철학의 지형도를 완전하게 바꾸어 놓은 대문호 도스토예프스키의 마지막 소설은 공자의 어록을 모은 [논어]가 인간의 본성에 대한 탐구라는 주제를 공유하고 있지만, 소설이라는 형식을 통해 삶과 죽음, 사랑과 욕정, 신과 인간, 종교와 이성에 대한 깊은 성찰을 독자로 하여금 가능하게 해 주었다.

반드시 읽어봐야 할 최고의 소설임에 틀림없다.

‘ 그건 그렇다 치고, 나는 늘 넓은 호밀밭에서 꼬마들이 재미있게 놀고 있는 모습을 상상하곤 했어. 어린애들만 수천 명이 있을 뿐 주위에 어른이라고는 나밖에 없는 거야. 그리고 난 아득한 절벽 옆에 서 있어. 내가 할 일은 아이들이 절벽으로 떨어질 것 같으면, 재빨리 붙잡아주는 거야. 애들이란 앞뒤 생각 없이 마구 달리는 법이니까 말이야. 그럴 때 어딘가에서 내가 나타나서는 꼬마가 떨어지지 않도록 붙잡아주는 거지. 온종일 그 일만 하는 거야. 말하자면 호밀밭의 파수꾼이 되고 싶다고나 할까. 바보 같은 얘기라는 건 알고 있어. 하지만 정말 내가 되고 싶은 건 그거야. 바보 같겠지만 말이야.’ < J.D. 샐린저 [호밀밭의 파수꾼] 229 ~ 230쪽 >

제2장. 미국 현대 문학의 최고봉을 읽다. _ 호밀밭의 파수꾼.

‘ 그건 그렇다 치고, 나는 늘 넓은 호밀밭에서 꼬마들이 재미있게 놀고 있는 모습을 상상하곤 했어. 어린애들만 수천 명이 있을 뿐 주위에 어른이라고는 나밖에 없는 거야. 그리고 난 아득한 절벽 옆에 서 있어. 내가 할 일은 아이들이 절벽으로 떨어질 것 같으면, 재빨리 붙잡아주는 거야. 애들이란 앞뒤 생각 없이 마구 달리는 법이니까 말이야. 그럴 때 어딘가에서 내가 나타나서는 꼬마가 떨어지지 않도록 붙잡아주는 거지. 온종일 그 일만 하는 거야. 말하자면 호밀밭의 파수꾼이 되고 싶다고나 할까. 바보 같은 얘기라는 건 알고 있어. 하지만 정말 내가 되고 싶은 건 그거야. 바보 같겠지만 말이야.’ < J.D. 샐린저 [호밀밭의 파수꾼] 229 ~ 230쪽 >

– 금지 소설에서 최우수 권장 소설이 된 책.

'호밀밭의 파수꾼' 이라는 책은 매우 기이한 책이다.

출간 즉시 청소년 금지 소설로 찍혔던 이 책이 아무리 세월이 흘렀다고 해도 그렇지 최우수 권장 도서가 되어 버린 책이기 때문이다. 이것이 과연 말이 되는 것인가?

한 마디로 말도 되지 않는다. 이런 어처구니없는 상황처럼 이 책의 내용도, 묘사도 어처구니없다. 더 놀라운 사실은 이런 어처구니없는 책이 '미국을 대표하는 현대문학의 최고봉' 이라고 평가를 받고 있다는 사실이다.

다시 말해, 기존의 통념을 철저하게 깨뜨리고 새로운 그 무엇인가를 이야기하거나 묘사할 때 사람들은 거부반응을 보이게 된다는 것이다. 그러다가 세월이 흐른 후에야 비로소 그 새로운 것의 진가를 깨닫게 되고, 뒤늦게 재평가하게 된다.

프랑스의 명물이 된 에펠탑도 초기에는 엄청난 혹평을 받았다. 낯설었기 때문이다. 하지만 지금은 프랑스 국민

에게 사랑받는 명소 중 하나이다.

이 책도 이와 다르지 않다.

이 책이 처음 출간되었을 때는 미국 중산층의 거짓과 가식과 위선을 적나라하게 들추어 낸 보기 드문 책이었다. 그래서 그 이유로 출간 초기에는 청소년 판매 금지 도서로 낙인이 찍혔던 것이다.

하지만 세월이 지나자, 용감한 이들이 나타났다. 그 중에 하나가 [내가 죽어 누워 있을 때]의 작가이자 노벨 문학상을 받은 작가 윌리엄 포크너였다.

그는 이 책에 대해 이렇게 평가했다.

'현대 문학의 최고봉'

하지만 초기에는 미국인들의 이 책에 대한 평가는 극과 극이었다. 이 책이 출간되었던 1952년에는 이 책 한 권으로 인해 미국 사회는 엄청난 충격에 빠지게 되었다고 해도 과언이 아니었을 것이다.

재미있는 사실은 이 책 한 권으로 인해 이 책의 작가인 J. D. 샐린저는 세계적 명성을 얻게 되었다는 사실이다. 이 책에 대한 논란이 가중되면 가중될수록 판매는 급증하게 되었고, 그 덕분에 지금까지 이 책은 1500만 부 이상이 판매되어, 베스트셀러와 스테디셀러가 동시에 되고 있다.

지금도 이 책은 매년 전 세계적으로 30만 부 정도가 꾸준히 판매되고 있다.

– 존 레논의 살인범의 손에 들려져 있던 한 권의 책.

이 책이 많은 사람들에게 알려지게 된 결정적인 계기가 또한 어처구니없는 사건 때문이었다는 사실을 아는 사람들은 많지 않을 것이다.

1980년 12월 8일 밤 11시경 뉴욕 맨하탄에서 일어난 일이었다. 적막을 깨고 다섯 발의 총성이 들렸다. 이 총성은 결국 세계의 음악 팬들을 경악시켰다. 한때 세계에서 가장 유명한 뮤지션이었던 비틀즈의 리더 존 레논과 관계된 사건이었기 때문이다.

마크 채프먼이 세계적으로 유명한 음악가인 존 레논을 살해 한 것이다. 총격을 당한 존 레논의 옆에는 두 사람이 있었다.

한 명은 존 레논의 부인인 오노 요코 였고, 또 다른 한 사람은 이 범행의 장본인인 마크 채프먼이었다.

마크 채프먼의 손에는 총과 함께 소설 < 호밀밭의 파수꾼 >이 들려 있었다. 더 놀라운 사실은 마크 채프먼이 존 레논의 열혈 팬이었고, 살해 당일에도 몇 시간 전에 존 레논을 찾아와서 음반에 사인을 받기까지 했다는 사실이다.

더 충격적인 상황은 이것이 아니었다.

경찰이 현장에 도착하기 전까지 마크 채프먼이 한 행동은 경악을 금치 못하게 한다. 마크 채프먼은 이 책을 꺼내들고 읽고 있었다고 한다.

세상에는 어처구니없는 사건들이 비일비재하다. 그런데도 이 사건이 어처구니없는 사건 중에 하나인 이유는 살인범의 살인 동기이다.

세계적인 음악가인 존 레논의 암살 사건의 주범이 취한 행동과 모습은 정말 충격적이었다. 정말이다.

정말 어처구니없게도 존 레논을 암살한 살인범의 손에는 책이 한 권 들려 있었다. 그런데 그 책이 바로 '호밀밭의 파수꾼' 이라는 이 책이었다.

이게 말이 되는 이야기인가?

누군가를 살해할 만큼 정신이 파괴된 자가 손에 들고 있었던 바로 그 책!
누군가를 살해하는 죄악을 행동으로 옮기는 그 순간에 손에서 놓지 않았던 바로 그 책! 암살범이 즐겨 읽었던 바로 그 책! 그 책이 바로 이 책이라는 것이다.

더 충격적인 사실은 아직 시작도 하지 않았다는 사실이 더욱 더 끔찍하다.

존 레논의 그 암살범인 마크 채프먼이 스스로 밝힌 암살 동기였다.

놀랍게도 그는 '거짓과 가식에 대한 홀든 콜필드의 절규' 때문에 범행을 저질렀다고 말했던 것이다. 그는 또한 여기서 한술 더 떠서 '모든 사람들이 ' 호밀밭의 파수꾼 '을 읽어야 한다.' 고 세상에 외쳤다.

충격이었다.

그리고 그러한 사건보다 더 큰 충격적인 일이 세계 곳곳에서 벌어지기 시작했다. 영화계는 물론이고 음악계의 수많은 뮤지션이 이른바 '콜필드 신드롬 '에 빠져들었기 때문이다.

사이먼과 가펑클, 빌리 조엘 등과 같은 세계적인 뮤지션들이 왜 이 작품에 빠져들었던 것일까?

그 이유를 정확하게 설명할 수 있는 사람은 이 세상에 단 한 사람도 없다. 심지어 이 책의 작가인 샐린저도 그럴 것이다.

– 미국 중산층의 가식과 위선을 적나라하게 드러낸 책.

이 책은 출간되자마자 청소년 금지 도서로 낙인이 찍혔고, 미국 사회에 큰 파장을 불러 일으켰다.

미국 중산층의 치부를 적나라하게 그대로 드러낸 소설이기 때문이다. 그것도 퇴학당한 고등학생의 2박 3일 간의 방황 이야기를 통해 거대한 미국 사회를 통째로 드러내 보여 준 것이다.

그것도 세상이 무엇인지, 인생이 어떤 것인지도 제대로 알지 못하는 열여섯 살 소년의 눈을 통해 바라본 미국 중산층의 거짓과 위선으로 가득 차 있는 어른들의 세계를 미국 사회를 통해 적나라하게 드러내고 있는 것이다.

미국 중산층은 거짓과 위선으로 가득 차 있는 어른들의 세계를 잘 표현해 주고 있고, 그 속에서 정신적으로 파괴되어 가고 있는 미숙한 현대인들을 가장 잘 나타내 주는 것은 바로 열여섯 살 난 고등학생이다.

퇴학당한 고등학생, 그것도 정신병원에 입원해야 할 정

도로 정신이 붕괴되어 버린 청소년이 정신병원 병동에서 들려주는 2박 3일간의 방황 이야기가 어떻게 미국 중산층의 거짓과 가식을 적나라하게 드러내 주는 '현대 미국 문학의 최고봉'이라는 찬사를 받을 수 있었던 것일까?

필자는 그 이유를 샐린저만이 가지고 있는 독특한 문학 스타일에 있다고 생각한다. 물론 또 다른 여러 가지 이유들이 있을 수 있다는 것을 인정하지 않을 수 없지만, 그럼에도 불구하고 작가가 가진 독특한 문학 스타일은 그 어떤 이유보다 더 크다고 할 수 있을 것이다.

미국 중산층의 가식과 위선을 적나라하게 드러낸 작품들은 적지 않다. 영화로도 많이 접하는 것이 사실이다. 그럼에도 최고봉이라고 평가받는 작품은 많지 않다.

미국 폭스 TV를 대표하는 캐릭터인 '심슨'도 가식과 위선으로 가득 차 있는 문제 많은 미국 중산층을 소재로 한 애니메이션이다.

이와 더불어 [아메리칸 뷰티]라는 영화도 역시 허위와 가식, 위선으로 가득 차 있는 미국 중산층의 얘기를 다루고 있는 영화이다.

이러한 문제들로 인해 미국의 중산층은 쉽게 파괴될 수 있다는 것을 역설한 이 작품에서 실제로 영화 속 가정은 끝내 파멸의 위기를 맞게 되고, 중산층의 파멸은 결국 미국 사회 전체의 파멸을 의미하는 것이기에 역설적으로 이것만은 막아야 한다고 주장하는 것이다.

아메리칸 뷰티라는 제목은 바로 이런 사실을 말해준다. 미국이 추구하는 아름다움을 오래 지키기 위해서는 미국 중산층이 가지고 있는 바로 그런 허위와 가식, 위선을 벗어버려야만 한다는 것을 설파하는 영화인 것이다.

그럼에도 불구하고 이 책의 명성을 뛰어넘는 책은 지금까지 출간되지 않은 듯하다. 물론 현대 미국 문학은 마크 트웨인의 [허클베리 핀의 모험]이란 단 한 권의 책에서 비롯되었다고 말하는 어니스트 헤밍웨이의 말을 빌리자면, 단연 마크 트웨인이 선두 주자이다.

하지만 이 두 권은 스타일이 다르다는 점을 우리는 알아야 한다.

마크 트웨인의 작품은 문학의 정수를 이루는 유머와 풍장에 대한 타의 추종을 불허하는 그의 날카로운 감각이 단연 돋보이는 작품이고, 셀린저의 작품은 청소년의 방황, 일탈을 통해 미국 중산층의 허위와 가식, 위선을 적나라하게 보여주는 독특한 스타일이 돋보이는 작품이다.

– 호밀밭의 파수꾼 깊게 천천히 읽기

자! 그렇다면 이 책의 제목이 왜 하필 '호밀밭의 파수꾼' 일까? 그것은 주인공의 소박한 꿈이 그것이기 때문이다. 이 책의 후반부에 보면 이런 대목이 나온다.

' 그건 그렇다 치고, 나는 늘 넓은 호밀밭에서 꼬마들이 재미있게 놀고 있는 모습을 상상하곤 했어. 어린애들만 수천 명이 있을 뿐 주위에 어른이라고는 나밖에 없는 거야. 그리고 난 아득한 절벽 옆에 서 있어. 내가 할 일은 아이들이 절벽으로 떨어질 것 같으면, 재빨리 붙잡아 주는 거야. 애들이란 앞뒤 생각 없이 마구 달리는 법이니까 말이야. 그럴 때 어딘가에서 내가 나타나서는 꼬마가 떨어지지 않도록 붙잡아주는 거지. 온종일 그 일만 하는 거야. 말하자면 호밀밭의 파수꾼이 되고 싶다고나 할까. 바보 같은 얘기라는 건 알고 있어. 하지만 정말 내가 되고 싶은 건 그거야. 바보 같겠지만 말이야.' < 229 ~ 230쪽 >

바로 이 대목에서 작가가 말하고 싶은 핵심이 드러난다. 순수한 아이들이 절벽으로 떨어지는 것을 붙잡아주는 파수꾼과 같은 그런 사람이 되고 싶다는 것이다.

다시 한번 정리해 보면, 명문 사립학교에 다니는 16살 소년이 퇴학을 당하는 것으로 이야기는 시작된다.

퇴학을 당한 소년의 눈으로 바라보고 겪은 2박 3일 동안의 이 세상이라는 괴물에 대해 1인칭 시점으로 작가는 풀어냈다.

이 책의 주인공은 부유층 자녀다. 그래서 쉽게 문제아가 되는 가난하고 결핍된 가정의 자녀가 아닌 부유층 자녀가 주인공이기 때문에, 가난한 집의 자녀의 눈으로 도저히 볼 수 없고 깨달을 수 없는, 그런 미국의 중산층을 좀 더 적나라하게 독자들에게 보여 줄 수 있었던 것이다.

우리가 이 책을 읽을 때 초점을 맞추어야 할 부분은 바로 이 부분이다. 왜 부유층 자체가 세상에 그렇게 많은 불만을 가지고 있고, 스스로 문제아를 자처하는가? 하는 것이다.

왜 주인공 콜필드는 문명 세계를 거부하고 멀리 서부로

가서 귀머거리에 벙어리 행세를 하며 돈을 모아 숲 가까이에 작은 오두막집을 짓고 죽을 때까지 거기서 살고 싶어했을 까?

왜 주인공 콜필드는 호밀밭의 파수꾼이 되고 싶어 하는 것일까?

이 책은 성장 소설답게 성장하면서 누구나 가지게 되는 고민들을 담고 있을 뿐만 아니라 더 나아가서 미국 중산층의 위선과 가식을 고발한다.

왜 금서의 반열에 올랐던 이 책이 헤르만 헤세의 성장소설을 능가하는 명성과 평가를 받는 것일까?

이 책의 위대함은 미성숙한 인간의 모습을 통해 성숙하고 건강한 인간의 삶에 대한 방향 제시가 아닐까? 물론 더 많은 이유가 있겠지만, 수많은 이유 중에서도 가장 최고의 이유는 이것이라는 생각이 든다.

- 작가와 주인공의 세 가지 공통점.

샐린저는 매우 독특한 작가다. 그는 대중들에게 나타나는 것을 극도로 싫어한다. 심지어 이 책 [호밀밭의 파수꾼]이 출간 50주년이 되어 출간 기념행사를 전 세계의 팬들이 기대하고 있을 때도 '익명성은 작가 고유의 자산'이라는 이유로 침묵할 정도였다.

이 책의 주인공인 홀든 콜필드와 이 책의 작가인 샐린저는 닮은 점이 적지 않다.

첫 번째 공통점은 두 사람 모두 정신병원에 입원한 적이 있다는 것이다. 심지어 이 책의 주된 배경은 정신병원이다. 더 구체적으로 하자면 자신의 이야기를 하는 주인공이 있는 곳이 바로 정신병원 병동이라는 말이다.

샐린저 역시 군 생활을 하면서 스트레스로 정신병원에 입원하여 치료받은 적이 있다. 주인공과 작가는 이 점에서 공통점이 있다.

두 번째 공통점은 두 명 다 모두 영화를 극도로 싫어한다는 것이다.

먼저 이 책의 주인공인 홀든 콜필드는 독백을 시작할 때 가장 먼저 자신은 영화를 싫어하기 때문에 절대로 자신의 앞에서 영화 이야기를 하지 말아달라고 다음과 같이 이야기 하는 대목이 나오는 것을 이 책을 주의 깊게 읽어본 독자라면 모두 알 것이다.

" 영화는 내가 정말 싫어하는 것 중에 하나다. 내 앞에서 제발 영화 이야기는 하지 않았으면 좋겠다." < 10쪽 >

그런데 실제로 이 책의 작가인 샐린저도 영화를 매우 싫어한다. 샐린저에게 영화 제의가 들어왔을 때 그는 다음과 같은 멋진 말로 거절한 적도 있다.

" 홀든이 싫어할까 봐 두렵습니다."

세 번째 공통점은 두 명 다 부유한 집안의 아들이었다는 점이다.

이 책을 읽어보면 주인공이 얼마나 부유한 생활을 하고 있는 지 잘 알게 된다. 지금 우리 주위에 보면, 먹고 사는 형편이 어려워서 생활고에 허덕이는 사람들이 적지 않다. 하지만 주인공은 이런 사람들과 전혀 다른 세상에서 살고 있는 것처럼 보인다.

그만큼 주인공은 부유한 상태였다. 그렇게 부유할 때 정신 수양을 제대로 하지 않으면 더 많이 망가지게 된다는 사실도 이 책을 통해 간접적으로 깨닫게 되는 하나의 원리가 아닐까 라는 생각이 든다.

부익부 빈익빈의 원리가 책에도 그대로 적용이 되는 것일까? 샐린저는 이 한 권의 책을 출간한 것을 통해 세계적인 명성을 얻는 작가로 도약했기 때문이다.

– 샐린저만의 고유한 문학 스타일에 대해서.

이 책을 읽으면서 가장 먼저 인식할 수 있게 되는 것은 샐린저만이 가지고 있는 고유한 문학 스타일이다.

과연 샐린저만이 가지고 있는 독특한 스타일은 무엇일까?

가장 두드러진 그만의 스타일은 과장된 숫자 표현이다. 책의 본문을 읽어 내려가면 어렵지 않게 발견하게 되는 것이 이런 스타일이다. 본문에 나와 있는 대표적인 과장된 숫자 표현들을 찾아보면 이렇다.

" 애클리 녀석은 하루에도 85번은 우리 방을 들락거리며 " < 33쪽 >

" 계속해서 늘어놓는 건 지난여름 같이 자려 했다는 여자에 대한 이야기였다. 그 이야기는 한번만 더하면 백 번째였다." < 56쪽 >

" 그 애는 나보다 두 살 어렸지만, 오십 배 정도는 더

똑똑했다.” < 57쪽 >

“ 이름이 블롭 중령인가 하는 그 남자는 누군가와 악수하면서 손가락을 마흔 개가량을 부러뜨려야만 직성이 풀릴 것 같은 그런 사람이었다.” < 120쪽 >

“ 로비는 텅 비어 있었다. 그곳에서는 마치 5천만 대의 시가 꽁초를 모아놓은 것 같은 냄새가 나고 있었다.” < 124쪽 >

“ 그때 이후로 꽤 많은 시간이 흘렀다. 한 50년은 전에 있었던 일처럼 느껴졌다.” < 143쪽 >

“ 어느 노부부의 50만 년은 될 것처럼 긴 인생에 관한 내용이었다.” < 169쪽 >

“ ‘잘 있어요. 안 그래도 오늘 오후에 데이트를 했었죠.’ 그 일이 한 20년 전에 있었던 일 같았다. ‘하지만, 서로 공통점이 없는 것 같아요.’ ” < 252쪽 >

두 번째 샐린저만의 독특한 스타일은 사물을 통한 묘사

이다.

“ 어쨌건 이곳의 12월은 마녀의 젖꼭지처럼 춥다.” < 13쪽 >

“ 선생은 내 답안지를 마치 똥이라도 만지는 것처럼 손에 들고 있었다.” < 22쪽 >

“ 하지만 내 피는 온통 탭 댄스를 추도록 흐르고 있지 뭡니까.” < 46쪽 >

“ 수화기를 통해 들려오는 그녀의 목소리는 정말 암호랑이 같았다.” < 91쪽 >

“ 하지만 스트라드레이터는 에이브러햄 링컨 같은 진지한 목소리로 계속 여자를 유혹했다.” < 72쪽 >

“ 그는 여전히 듣지 못했다. 바위처럼 잠만 퍼 자고 있었다.” < 72쪽 >

“ 별세계에 온 것처럼 기분이 좋았다.” < 212쪽 >

이처럼 샐린저는 마녀의 젖꼭지, 똥, 탭 댄스, 암호랑이, 에이브러햄 링컨, 바위, 별세계 등과 같은 사물이나 고유명사들을 사용하여 묘사하는 것을 좋아한다. 이것이 그만의 스타일인 것이다.

이것뿐만 아니라 이 책의 특징 중에 하나는 미국임을 상징하는 단어들이 많이 사용되고 있다는 점도 눈에 쉽게 들어온다. 즉 콜라, 햄버거, 헐리우드 등과 같은 단어들이 많이 나온다.

- 가식과 위선의 세상을 지혜롭게 살아가는 방법.

가식과 위선으로 가득 차 있는 이런 세상을 지혜롭게 살아가는 방법은 무엇일까? 우리는 어떻게 살아가야 하는 것일까?

이러한 질문에 한 마디로 대답해 보면 이렇다.

" 모든 게 가짜인데 왜 그렇게 붙잡으려고 애쓰는가?"

<장자>에 나오는 한 구절이다. 이 얼마나 멋진 말인가! 이 세상은 헛되고 헛된 것으로 가득 한 것이 아니라 헛되고 헛된 것으로 가득한 것, 그것이 세상이다. 그러므로 너무 집착하고 연연해하지 말라는 것이다.

똑같은 상황과 형편에서 즐겁고 신나게 하루하루를 최선을 다해, 열심히 즐겁게 살아가는 청소년들도 있다. 그런데 이 책의 주인공은 그렇게 살아가지 못 하고 있다.

그저 타인의 거짓과 가식과 위선만을 보면서, 세상의 모든 것들을 싫어하고, 세상의 모든 거짓과 가식과 위선을 마치 자신의 집안일인 양 자신의 내면 속으로 끄집어들이며, 그것으로 인해 자신의 정신세계는 파괴될 대로 다 파괴되었다.

그렇게 파괴되는 것이 희생이고, 그것으로 인해 더 나은 세상이 오거나 더 나은 인생을 살게 된다면 필자는 주인공에게 찬사를 보낼 것이다. 하지만 주인공은 찬사를 받기는커녕 비난을 받아야 할지도 모른다.

세상이 거짓과 위선으로 가득 차 있다고 해서 자신은 타락하고 방황하고 자신에게 주어진 공부나 학교생활에 충실하지 않아도 된다는 것은 아니기 때문이다.

부나 성공에 너무 집착해서 살아가는 사람들도 문제지만, 너무 그런 것에서 벗어나 사는 사람들도 문제다. 더 큰 문제는 세상의 거짓과 가식과 위선을 개선하기 위해 가장 먼저 상대해야 할 대상은 타인이 아니라 자기 자신이라는 사실을 망각하고 있다는 것이다.

세상을 변화시키고자 하는 사람은 가장 먼저 자신을 변화시켜야 한다. 자기 자신의 일상을 잘 관리하고, 자기 자신의 마음을 잘 다스리지 못 하는 사람은 세상을 절대 변화시킬 수 없을 뿐만 아니라 조금이라도 세상을 더 나은 세상으로 이끌지도, 영향을 끼치지도 못 한다.

자신이 학생이면 가장 훌륭한 학생이 되는 것이 이 세상을 더 나은 세상으로 바꾸는 일이다. 자신이 선생이면 가장 훌륭한 선생이 되는 것, 자신이 회사원이면 가장 훌륭한 회사원이 되는 것, 자신이 스포츠 선수라면 가장 훌륭한 선수가 되는 것, 자신이 농부라면 가장 훌륭한 농부가 되는 것이 이 세상을 보다 살기 좋은 곳으로 만드는 일일 것이다.

그런 점에서 주인공은 거짓과 위선으로 가득 차 있는 세상을 더욱 더 복잡하고 어지럽게 만드는 데 일조를 한 사람에 불과하다.

슬픔과 아픔과 고통을 다 놓아버리고 초월하여 살라고 장자는 강조한다. 다 놓아버리라고 말이다.

세상의 모든 것은 다 가짜라는 것이다. 그렇기 때문에 옳고 그른 것도, 성공과 실패도, 득과 실도, 모두 인간의 의식 속에 존재하는 허상이며 환상의 그림자에 불과하다는 것이다.

가식과 위선으로 가득 차 있는 이 세상을 지혜롭게 살아가는 첫 번째 방법은 '집착하지 말고, 자유 하라.' 는 것이다. 그리고 두 번째 방법은 자신보다 타인에게 관대하라는 것이다.

[명심보감]에 보면 이런 말이 나온다.

" 귀로는 다른 사람의 그릇됨을 듣지 않고, 눈으로는 다른 사람의 단점을 보지 않으며, 입으로는 다른 사람의 허물을 말하지 않아야 군자에 가깝다."

우리가 살아가는 것이 괴롭고 힘든 이유 중에 가장 중요한 이유는 우리 자신에게 너무 관대하고, 타인에게 너무 각박하기 때문이다. 이것을 반대로 하여 타인에게 관대하고 자신에게 엄격하면 놀랍게도 자신이 더 행복해지고 자신의 삶이 더 풍요로워진다.

세 번째 방법은 세상을 쫓아가고, 남과 보조를 맞추기

위해 자신을 가짜로 만들지 말라는 것이다. 자신을 가짜로 만들지 말라는 것은 자신의 인생을 타인이 이미 만들어 놓은 인생으로 살아가지 말라는 것이다.

세상은 부와 명성을 쫓고, 꿈과 목표의 노예가 되고, 스스로를 착취하면서 피로사회를 살아가라고 말한다. 하지만 부와 명예와 출세를 포기한다면 자기 자신만의 인생길을 멋지게 개척해 나갈 수 있게 된다.

그런 삶은 가짜가 가득 차 있는 이 세상에서 최고의 가치가 있는 진짜 인생일 것이다. 그것이 바로 거짓과 가짜가 가득 차 있는 이 세상을 가장 가치 있게 살아가는 방법 중에 하나일 것이다.

인정과 욕심에 휘둘리면 쉽게 가짜가 될 수 있다고 장자는 말한다. 출세와 성공과 부에 눈이 멀게 되면 가짜가 될 수밖에 없다. 그렇기 때문에 욕심을 버려야 한다.

– 호밀밭의 파수꾼을 한 마디로 요약하면.

'호밀밭의 파수꾼' 이 책을 한 마디로 요약한다면 '열여섯 살 소년의 독백 이야기' 라고 할 수 있다. 조금 더 구체적으로 설명하자면, '퇴학당한 소년이 그로 인해 2박 3일 동안 정신이 파괴되어 가는 과정을 섬세한 심리 묘사를 통해 담은 방황과 성장이 혼재하는 스토리' 라고 말 할 수 있다.

한 마디로 하면, ' 퇴학당한 소년의 2박 3일 동안의 이야기 ' 이다. 그것도 크리스마스 휴가 바로 전에 말이다. 자신이 다니던 펜시 고등학교에서 쫓겨난 후 72시간 동안의 이야기다.

부모님을 마주 대하기 싫기 때문에 뉴욕 시에서 며칠을 보내기로 하지만, 뉴욕에서 주인공은 서서히 영혼이 피폐해져 가게 된다. 바로 이러한 심리적 변화와 주인공의 세상에 대한 태도가 한 편의 작품이 된 책이 바로 이 책인 것이다.

" 그곳에서는 귀머거리에 벙어리 행세를 하며 살참이

었다. 그러면 누구하고도 쓸데없고, 바보 같은 대화를 하지 않아도 될 테니 말이다.”

이 말처럼 주인공은 세상 사람들과의 대화와 만남과 인연에 염증을 느끼고 있었기 때문에 멀리 떠나고 싶었던 것이다. 부유한 계층에 자신이 속해 있었기 때문에 누구보다도 더 자세히 현대 사회의 추악한 속물근성과 지식인 계층의 위선과 가식을 알고 있었고, 그로 인해 염증을 느끼게 된 것이다.

그래서 주인공은 귀머거리에 벙어리 행세를 하고 싶다고 말하는 것이다.

그의 아버지는 지식인 계층을 대표하는 변호사였고, 그의 형은 할리우드에서 시나리오 작가로 활동하는 작가였던 것이다.

주인공은 뉴욕의 뒷골목을 떠돌며 이미 오염되어 버린 현대인들의 영혼에 누구보다 더 큰 상실감을 맛보게 되고, 아무도 신뢰할 수 없는 지경이 되어 버린다. 그런데 이것은 바로 자기 자신의 영혼이 피폐해져 가는 정도를 묘사하는 것과 다를 바 없다.

한 마디로 다시 요약하자면, '3일 간의 영혼의 파괴 과정' 이다.

그렇게 영혼이 제대로 파괴된 주인공에게 참다운 파수꾼이 있다는 사실은 우리들에게 희망을 제시해 준다.

주인공을 지켜주는 파수꾼은 다름 아닌 여동생 피비 였다. 여동생 피비의 믿음과 사랑, 맑은 영혼은 홀든 콜필드를 이 세상의 모든 위선과 가식, 추악함으로부터 지켜주는 파수꾼이었던 것이다.

이 책을 비판하는 이들은 이 책에 사용된 언어들이 너무 거칠고 세속적이고 외설적이었다고 비판한다. 그리고 세상을 가짜라고 비난하는 홀든 콜필드야 말로 진짜 가짜와 같은 인물이다고 비판한다.

그럼에도 불구하고 이 책은 가짜 세상을 만든 기성세대들에게 그 가짜임을 깨닫게 해 주고, 치부를 드러내게 해

주는 몸에 좋은 쓴 약과 같은 존재일 것이라는 생각이 든다.

그런 점에서 이 책을 한 마디로 요약하자면, '세상의 가짜에 대해 비판하는 진짜가 되고 싶은 소년의 외침'이라고 할 수 있을 것 같다.

- 이 책을 재미있게 읽는 법.

공부에는 왕도가 없지만, 독서에는 왕도가 있다. 그리고 특히 이 책을 재미있게 읽는 방법이 있다.

첫 번째 방법은 다양한 번역서들을 한 자리에 모아놓고 비교해 보면서 읽는 것이다. 물론 이런 식으로 책을 다 읽을 수는 없다. 그렇기 때문에 한 페이지 정도를 선택해서 여러 번역서들을 비교하며 읽어 본 후 자기 자신에게 가장 적합한 번역서를 선택한 후 그 책으로 완독을 하는 것이다.

외국어가 모태인 책들은 반드시 번역서가 하나 뿐인 경우는 드물다. 이 책처럼 유명한 책일수록 번역서가 매우 많다. 누가 번역하느냐에 따라서 원서의 느낌과 깊이가 다르게 전달 될 수 있다. 그렇기 때문에 좀 더 나은 독서를 위해서는 조금 더 나은 번역서를 선택할 수 있어야 한다.

가장 나쁜 습관은 그저 아무 책이나 선택해서 읽으려고 하는 게으른 습관일 것이다. 같은 시간을 투자해서 읽더라도 더 잘 읽히고, 더 쉽게 이해할 수 있고, 더 많이 배울 수 있는 그런 번역서가 따로 있기 때문이다.

이것은 한자로 써진 책들을 읽을 때도 마찬가지이다. 누가 번역을 하느냐에 따라 원서의 느낌과 충실도가 전혀 다르게 된다.

두 번째 방법은 주인공이 싫어하는 것이 무엇인지를 리스트하면서 읽는 방법이다. 이 책의 주인공인 홀든 콜필드는 세상을 약간 부정적으로 바라본다. 그래서 싫어하는 것이 많다. 그런데 주인공이 과연 어떤 것들을 싫어하고 있고, 왜 싫어하는 지에 대해서 탐구해나가면서 읽으면 이 책은 훨씬 더 큰 재미를 느낄 수 있게 된다.

주인공이 싫어하는 것 중에 대표적인 것이 영화와 ‘멋있다’ 라는 말과 싸구려 가방이다. 영화는 앞에서도 이야기 했듯이 주인공도, 작가도 모두 싫어하는 것이다.

‘멋있다’ 라는 말을 싫어하는 이유는 너무 가식적인 말이라고 생각하기 때문이다.

“ ‘멋지다’ 라니. 내가 싫어하는 말이 있다면 그건 멋지다는 말이다. 너무 가식적인 말이기 때문이다.” < 144쪽 >

그가 싸구려 가방을 싫어하는 이유는 아마도 그것이 진짜 가죽이 아니기 때문일 것이다. 그리고 그것이 의미하는 것은 거짓과 가식일 것이다.

“ 난 누구라도 싸구려 가방을 들고 있는 것이 싫었다. 좀 잔인한 말이긴 하지만 그런 싸구려 가방을 들고 있는 사람까지도 싫어지는 것이다.” < 145쪽 >

세 번째 방법은 주인공의 정신이 파괴되어 가는 과정의 흐름을 연견시켜 가면서 읽는 방법이다.

이 이야기는 2박 3일 동안 주인공이 퇴학당하고 나서 집으로 돌아오는 과정에서 정신이 파괴되어 가는 과정을 섬세한 심리 묘사를 통해 표현하고 있는 이야기이다. 그렇기 때문에 어떻게 해서 어떤 식으로 얼마나 정신이 파괴되어 가고 있는 지를 하나의 흐름으로 연결시켜 가면서 읽으면 재미있게 읽을 수 있다.

"확대경으로 보면 물속에 벌레가 우글우글한데요. 자, 갈증을 참을 거요. 아니면 확대경을 확 부숴 버리고 물을 마시겠소?" < 그리스인 조르바 >

제3장. 자유의 동의어 _ 그리스인 조르바.

" 그는 펄떡펄떡 뛰는 심장과 푸짐한 말을 쏟아내는 커다란 입과 위대한 야성의 정신을 가진 사나이였다." < 본문 중에서 >

"확대경으로 보면 물속에 벌레가 우글우글한데요. 자, 갈증을 참을 거요. 아니면 확대경을 확 부숴 버리고 물을 마시겠소?" < 본문 중에서 >

– 모태인 대지에서 탯줄이 떨어지지 않은 사나이.

충격이었다. 이 책은 충격! 그 자체였다. 그 이상도 그 이하도 아니었다.

무엇이 충격이었다는 것일까? 이 책을 읽은 사람들이 왜 잘 다니던 학교를 그만두고, 사표를 던지고, 인생이 흔들리고, 심각하게 괴로워했는지를 알게 되었기 때문이 아니다.

그 이상의 것들 때문이다. 그것은 이 책의 주인공인 조르바와 이 책의 작가인 니코스 카잔차키스가 작당을 해서 우리에게 정면으로 시비를 걸기 때문이다.

'그렇게 살지 말고 조르바처럼 살아봐!'

라고 말이다. 책 나부랭이, 아니 조르바의 표현에 따르면 책 부스러기를 통해서 인생이 바뀐 필자는 엄청난 충격이었다.

자유로운 영혼이며 이 책의 주인공인 조르바와 정반대

되는 인물이 바로 책벌레라고 불리는 나였다.

조르바는 이런 사람이었다.

살아있는 가슴을 가진 사나이, 푸짐한 언어를 쏟아내는 커다란 입을 가진 사나이, 위대한 야성의 영혼을 가진 사나이, 아직 모태인 대지에서 탯줄이 떨어지지 않은 사나이, 결혼을 정직하게 말해서 한 번, 비양심적으로 말해서 천 번 아니 3천 번쯤 한 사나이, 뱃속에는 악마가 아홉 마리 쯤 있을 것이라고 생각하며 사는 사나이, 도자기를 굽는 데 방해가 되는 왼손 집게손가락을 스스로 반쯤 자른 사나이, ...

하지만 이런 조르바에게 두목이 나타났다. 바로 책벌레 '나' 라는 사람이다. '나' 는 피레에프스라는 조용한 항구에서 조르바를 처음 만났다. 그리고 그 만남은 너무나 충격적이었기에 책만 알고 살았던 책벌레인 '나 '를 완전하게 바꾸어 놓기에 충분했다.

" 그의 표정이 내 안에 조용한 혁명을 일으켰다. 나는 내 원고 나부랭이를 내팽개치고 행동하는 삶으로 뛰어들

이유를 찾았다. 나는 이 새로운 인생에 책 부스러기 따위는 끼워 넣고 싶지 않았다." < 14쪽 >

정말로 놀라움 그 자체였다. 조르바는 이렇게 말한다.

'세상을 산다는 것은 결코 복잡한 것도, 힘든 것도, 1000년 동안 시들어 버린 꽃잎처럼 재미없이 말라비틀어진 것도 아니야. 지금 이 순간을 즐겨, 인생은 우리에게 주어진 멋진 선물이니까!'

라고 말이다.

모태인 대지에서 탯줄이 끊어지지 않은 것처럼 순진 난만하며, 타인에게 큰 피해를 주지 않는 한, 자신의 삶을 즐길 줄 알았던 인물, 조르바에게서 우리는 삶의 자유를 배울 수 있을 것 같다. 이 책을 읽으면 자유로운 삶을 만끽할 수 있으리라.

- 그리스의 국민 작가 니코스 카잔차키스 들여다보기.

'나는 아무것도 바라지 않는다.
나는 아무것도 두려워하지 않는다.
나는 자유다. '

니코스 카잔차키스가 생전에 남긴 묘비명이다. 그는 진정 자유인이었다. 평생을 여행을 하면서 그는 몸뿐만 아니라 뼛속까지도, 심지어 영혼까지도 자유롭게 살았던 인물이 아니라고 할 수 있는 사람은 이 세상에 단 한 명도 없을 것이다.

그는 자신의 책 < 영혼의 자서전 >에서 자신에게 가장 큰 은혜를 베푼 것들은 여행과 꿈이었다고 밝혔던 적이 있다.

그가 가장 존경했던 인물, 본받고 싶었던 인물, 가장 많은 영향을 받은 인물은 호메로스와 부처와 니체와 베르그송과 조르바였을 것이다. 그는 철학의 온갖 물음에서 베르그송을 통해 해방될 수 있었고, 삶을 사랑하고 죽음을 두려워하지 않을 수 있게 된 것은 조르바 때문이었다고 다음과 같이 말한 적이 있다.

“ 내 삶에 가장 큰 은혜를 베푼 것들은 여행과 꿈이었다. 죽었거나 살았거나 내 투쟁에 도움이 된 사람은 극히 드물다. 하지만 내 영혼에 가장 깊은 자취를 남긴 사람들의 이름을 대라면 나는 아마 호메로스와 부처와 니체와 베르그송과 조르바를 꼽으리라.

호메로스는 기운을 되찾게 하는 광채로 우주 전체를 비추는, 태양처럼 평화롭고 찬란하게 빛나는 눈이었으며, 부처는 세상 사람들이 빠졌다가 구원을 받는 한없이 새까만 눈이었다. 베르그송은 젊은 시절에 해답을 못 얻어 나를 괴롭히던 철학의 온갖 문제들로부터 나를 해방시켜 주었으며 니체는 새로운 고뇌로 나를 살찌게 했고 불운과 괴로움과 불확실성을 자부심으로 바꾸도록 가르쳤으며, 조르바는 삶을 사랑하고 죽음을 두려워하지 말라고 가르쳤다. “

< 니코스 카잔차키스, < 영혼의 자서전 > 중에서 >

카잔차키스는 1883년 크레타 섬에서 태어났다. 그렇다.

그는 그리스인이다. 그러나 그는 크레타인으로 스스로를 부르기를 좋아했다고 한다. 그것은 그가 태어날 때 크레타 섬만이 터키의 지배 아래 있었기 때문이다.

그의 작품과 그의 작품의 주인공을 통해 미루어 짐작할 수 있는 것은 크레타인들의 기질이다. 한 마디로 난폭하고 거칠다는 것이다.

카잔차키스는 자신의 작품을 통해 크레타 섬에 대한 절대적인 사랑을 표현한다.

' 한 번 부르면 가슴이 뛰고, 두 번 부르면 코끝이 뜨거워지는 이름 .... 기적이다. 내가 크레타 사람이라는 것은 .... "

그러면서도 그는 자신이 그리스인임을 부인할 수 없음을 작품을 통해, 자신의 삶을 통해 말해 준다.

그가 쓴 이 책의 주인공이 그리스인이며, 그가 가장 많은 영향을 받은 사람 중에 첫 번째로 꼽는 인물이 그리스인이기 때문이다. 그가 바로 그리스 민족시인 호메로스이다.

알베르트 슈바이처는 카잔차키스를 이렇게 추모한 적이 있다.

“ 니코스 카잔차키스처럼 나에게 감동을 준 이는 없다. 그의 작품은 깊고, 지니는 가치는 이중적이다. 이 세상에서 그는 많은 것을 경험하고, 많은 것을 알고, 많은 것을 생산하고 갔다.”

니코스 카잔차키스는 이런 글을 자서전에 쓴 적이 있다. 이 글을 보면 소설 속의 조르바라는 인물과 매우 흡사하다는 것을 직감적으로 알 수 있다.

“ 내 영혼을 처음으로 뒤흔든 것은 공포나 고통이 아니었고, 쾌감이나 장난도 아니었고, 자유에 대한 열망이었다. 우선 터키인들로부터 되찾아야 하는 자유, 그것이 첫 번째 단계였고, 그 다음엔 내면의 터키인인 교만과 악의와 시기로부터, 공포와 게으름으로부터, 눈을 멀게 하는 헛된 사상으로부터 그리고 마지막으로 가장 사랑과 흠모를 받는 대상들까지 포함한 모든 우상들로부터 자유를 찾으려는 새로운 투쟁이 시작되었다."

– 진정한 자유인을 만나다. 조르바.

물레를 돌리는데 거추장스럽다고 해서 자신의 손가락을 잘라버리는 사람이 있다. 여성의 치모를 모아 베개를 만들어 베고 자는 사람이 있다. 수도승을 꼬여 타락한 수도원에 불을 지르게 한 사람이 있다.

바로 이 책의 주인공인 조르바이다.

'초라한 한 조각의 삶을 안전하게 더듬거리며 살아가기 위해 하찮은 겁쟁이 인간들이 주변에 세워놓은 도덕이나 종교나 고행 따위의 모든 울타리를 과감하게 때려부순다.'

이것이 조르바의 인생 철학이며, 자유에 대한 신념이다. 그는 어떻게 보면 혁명가이다. 기존의 것들을 때려 부수고, 거부하고, 온몸으로 저항하는 인물이기 때문이다.

젊은 수도승으로 하여금 수도원에 불을 질러버리도록 한 것도, 기존의 종교가 가지고 있는 위선에 대한 저항이었던 것이다.

진정한 자유는 무엇일까?

그것은 조르바처럼 세상의 이익에 너무 집착하지 않고, 머릿속으로 너무 재지도 않고, 거침없이 살아가는 것이다. 그래서 조르바의 삶을 통해 우리들은 진정한 삶의 자유를 느낄 수 있고, 참 된 자유인을 만날 수 있는 것이다.

인간은 모두 자유를 갈망한다. 그럼에도 불구하고 진정 자유인으로 살아갈 수 있는 사람, 자유인이 될 수 있는 사람은 왜 그토록 극소수인가?

그 이유를 우리는 조르바의 대답을 통해 알 수 있을 것 같다.

“ 내가 인생과 맺은 계약에 시한 조건이 없다는 걸 확신하려고 나는 가장 위험한 경사길에서 브레이크를 풀어 봅니다. 인생이란 가파른 경사도 있고 내리막길도 있는 법이지요. 잘난 놈들은 모두 자기 브레이크를 씁니다. 그러나 나는 브레이크를 버린 지 오랩니다. 나는 꽈당 부딪

치는 걸 두려워하지 않거든요.” < 215쪽 >

그리스인 조르바가 진정한 자유인이 될 수 있었던 유일한 까닭은 두려움의 노예에서 벗어났기 때문이라고 말할 수 있다.

사람은 두려움에 사로잡히면 그때부터 그 대상의 노예가 되어, 자신도 모르게 그 대상에 끌려다니게 된다. 그 순간 자유인에서 노예가 되는 것이다.

진정한 자유인이 된다는 것은 그 어떤 것도 두려워하지 않을 수 있어야 한다. 실패가 두려운 사람들은 성공의 노예가 될 수 있고, 사람이 두려운 사람들은 인간관계의 노예가 될 수 있다.

노예는 자유를 느끼기 힘들다. 무거운 압박감과 의무감과 무엇인가에 종속된 의식 때문이다. 하지만 자유인은 그러한 것들에서 자유로워야 한다. 하지만 현대인들은 대부분 무거운 압박감과 의무감과 종속된 느낌을 가지고 살아간다.

진정한 자유인은 그 어떤 것도 바라지 않고, 그 어떤 것도 두려워하지 않는다.

다시 말해 자유인은 자유조차도 바라지 않는 다. 이미 자유인이기 때문이다. 역설적으로 자유를 갈망하는 사람들은 따지고 보면 진정한 자유인이 아닌 것이다.

진짜 부자는 부를 갈망하지 않는다. 그저 부를 누릴 뿐이다. 진짜 자유인은 자유를 갈망하는 것이 아니라 자유를 누리며 살 것이다. 그런데 바로 이 책의 주인공인 조르바는 진정 자유를 누리면 사는 사람 같아 보인다.

– 이 책을 읽고 인생이 변한 사람들.

이 책을 읽고 인생이 바뀐 사람들이 적지 않다. 특히 우리나라에도 그런 사람들이 최근에도 있다. 유명한 베스트셀러 작가이면서 대학 교수인 사람은 이 책을 읽고 나서 한 치의 주저함도 없이 잘 다니던 대학교를 떠나, 자유로운 삶을 위해 일본으로 여행을 떠났다는 소리를 필자는 들은 적이 있다.

구체적인 내막은 알 수 없지만 이 책이 적지 않은 영향을 준 것은 틀림없는 사실일 것이다. 그리고 또 어떤 사람은 이 책이 선사하는 자유로움에 몹시 괴로워했던 적이 있다고 말한다. 그만큼 이 책이 영향력이 크다는 것을 말해주고 있는 것이다.

이 책을 추천한 사람들은 정말로 인생이 바뀐 정도가 아니라 전혀 다른 새로운 삶에 대한 눈을 뜬 것 같다.

박경철 시골의사는 ‘사회, 관계, 권력질서의 함정들과 소외 등을 다룬 문제작으로 당대를 넘어 시대성을 획득한 책.’ 이라고 말했다.

신정일 문화사학자는 '그리스인 조르바' 를 통하여 자유와 사랑, 절망과 희망이 진실로 한 인간에게 어떻게 다가오고 어떻게 떠나가는가를 어렴풋이 깨달을 수 있었다. '고 말했다.

조국 법학자는 '이성과 합리와 도덕의 간판을 건 현대 콘크리트 사회를 살아가는 우리 뱃속 깊이 묻혀 있는 그 무엇을 불러일으킨다. 자유로운 영혼이 되기는 쉽지 않지만, 이를 꿈꾸는 것만으로도 행복하다. 그리고 '잘난 머리' 를 쓰며 으쓱거리는 나에게 빈약한 '팔과 가슴' 을 보라고 꾸짖는다. ' 라고 말했다.

이런 말들이 누구 한 사람에게 국한되는 말은 아닐 것이다.

김정운 문화심리학자는 ' 이 책은 논리적으로 따지면 전혀 재미없다. 사회구조적인 모순이나, 개인의 먹고사는 일과는 또 다른 차원의 가치가 존재한다는 것을 일깨워준 책.' 이라고 말했다.

그리고 그는 말뿐만 아니라 행동으로 이 사실을 증명해 보여 주었다. 잘 다니던 대학 교수 자리를 포기하고 진정한 자유인이 되었기 때문이다.

결국 이 책이 우리들에게 권장하는 삶은 ‘거침없이 살고, 두려워하지 말고 누리라는 것’이 아닐까?

– 그리스인 조르바, 깊게 읽기.

“경사면을 내려가면서 조르바가 돌멩이를 걷어차자 돌멩이는 아래로 굴러 내려갔다. 조르바는 그런 놀라운 광경을 처음 보는 사람처럼 걸음을 멈추고 돌멩이를 바라보았다. 그가 나를 돌아다보았다. 나는 그의 시선에서 가벼운 놀라움을 읽을 수 있었다.

‘보스, 봤어요?’

이윽고 그가 말했다.

‘경사면에서 돌멩이는 생명을 얻습니다.’

나는 아무 말도 하지 않았으나 내심 놀라운 기쁨을 맛

보았다. 나는 생각했다. 위대한 환상가와 위대한 시인도 사물을 이런 식으로 보지 않던가! 매사를 처음 대하는 것처럼! 매일 아침 그들은 눈앞에 펼쳐지는 새로운 세계를 본다. 아니, 보는 게 아니라 창조하는 것이다. “ < 카잔차키스, [그리스인 조르바], >

조르바는 이 세상을 보는 것이 아니라, 매일 창조해 나간다. 이것이 그가 세상을 남들과 다르게 살아가는 유일한 방법이다. 매일 창조하면서 살아가기 위해서는 무엇이 남달라야 하는 것일까?

바로 세상을 바라보는 시선이다. 세상을 바라보는 시선이 달라야 한다. 그리고 그것은 다른 말로 세상을 남과 다르게 인식해야 한다는 말이다.

창조적인 삶은 남과 다른 창조적인 시각에서 비롯된다. 창조적인 시각은 창조적인 생각에서 비롯된다. 그러므로 생각을 바꾸어야 한다.

당신의 인생이 엉망이기 때문에 당신이 창조적인 삶을 살지 못 하는 것이 아니다. 당신의 생각이 엉망이기 때문에 당신의 인생도 엉망이 되는 것이다. 당신이 창조적이지 못 하기 때문에 당신의 인생도 엉망이 되는 것이다.

‘그 친구가 나를 책벌레라고 불렀을 때 불쑥 치밀던 분노의 그 순간으로 다시 돌아갈 수 있다면! 나는 그 순간 내가 살아온 인생이 그 한마디 말로 집약된 것에 몹시 화를 내지 않았던가? 인생을 그토록 사랑하던 내가 어찌하여 책 나부랭이와 잉크로 더럽혀진 종이에 그렇게 오랫동안 처박혀 있었단 말인가! ‘

인생을 사랑하는 가? 단 한 번뿐인 인생을 혐오하고 미워하는 사람은 없을 것이다. 그렇지만 인생을 제대로 살 수 있는 필요충분조건이 사랑은 아니다.

오히려 자신의 인생을 너무 사랑하고 아끼기 때문에 인생을 망치는 사람들이 얼마나 많은가?

책을 읽는다는 것은 매우 중요한 일이다. 하지만 그것은 인생을 좀 더 잘 살아내기 위해 필요한 지식과 의식을 얻기 위해서다. 그것이 전부라고 생각해서 평생 책만 읽고 싶다고 한다면 그것은 인생을 사랑하는 것이 아니라 낭비하는 것이다.

필자가 그랬다. 정말로 잘 다니던 직장을 그만두고 3년 동안 책만 읽었고, 그것이 모자라서 평생 책만 읽는 사람으로 남고 싶었다. 하지만 이 세상은 그것을 허락하지 않았다. 결국 다시 세상에 나와서 세상을 치열하게 살아가고 있다.

마치 3년 동안이 대학생들에게 주어진 방학 기간이었다는 생각이 들 정도로 고맙고 행복하게 느껴졌다.

이 책의 등장인물의 말을 통해 작가는 이 세상에 세 종류의 인간이 있음을 설명한다.

" 조르바, 내 대답이 틀릴지도 몰라요. 나는 세 종류의 인간이 있다고 생각해요. 첫 번째는 주어진 인생을 먹고 마시고 연애하고 돈 벌고 명성을 쌓는 걸 삶의 목표로 여기는 사람이죠. 또 한 부류는 자기 삶보다는 인류의 삶에 더 관심이 있는 사람들이에요. 인간은 결국 하나라는 생각으로 인간을 가르치려 하고 사랑과 선행을 권합니다.

마지막은 전 우주의 삶을 목표로 하는 사람이에요. 사람, 짐승, 나무, 별이 모두 한목숨인데 아주 지독한 싸움에 말려들었다고 생각하는 사람들이죠. 무슨 싸움이냐고요? 물질을 정신으로 바꾸는 싸움이에요."

당신의 인생은 이 세 종류 중에 어떤 인생인가? 정답은 없다. 다만 어떤 것이 더 자유인으로서의 삶인지 생각해 볼 필요는 있을 것이다. 이 책을 읽게 되면, 이런 질문에 쉽게 대답할 수 있게 될 것이다.

인생도 다르지만 그 인생을 살아나가는 주체인 인간도 또한 다르다. 인간을 바라보는 시각이 70억 인구의 숫자만큼이나 다양하겠지만, 크게 나누면 세 가지일 것이다.

첫째는 신에 가까운 고귀한 존재, 둘째는 동물에 가까운 짐승 같은 존재, 마지막 셋째는 신과 동물의 특징을 모두 가지고 있는, 신도 아니고, 동물도 아닌 중간자적인 존재이다.

당신은 어떻게 생각하는가? 그런데 이 책에는 첫 번째와 두 번째 인물이 등장한다. 첫 번째 인물은 바로 이 책의 1인칭 시점이자 주인공인 나이다. 그리고 두 번째 인물은 바로 조르바이다.

그런데 이렇게 두 종류의 인간이 만나서 부딪히게 되면, 변화를 받는 쪽은 왜 첫 번째인 나일까? 이 책에서도 그렇게 흘러간다. 그 이유는 무엇일까? 인간은 신이 아닌 동물에 더 가까운 존재이기 때문이 아닐까?

진짜 인간다운 인간은 고상한 척 신을 흉내 내는 사람이 아닌 카르페 디엠을 외치고, 그것을 실천해 나가는 사람이다. 바로 조르바인 것이다.

하지만 이 책이 몰고가는 분위기는 그것이지만, 이 책을 좀 더 깊게 읽어보면 그것이 전부가 아님을 알 수 있다.

영원히 죽지 않을 것처럼 사는 것과 당장 내일 죽을 것처럼 사는 것 중에 어느 것이 옳은 것일까?

이런 질문을 조르바가 주인공에게 한 적이 있다. 주인공은 아무 놀라운 대답을 한다.

“ 똑같이 험준하고 가파른 길일지라도 도착지는 같을 수 있다.”

즉 어떤 삶을 살든 도착지점은 같을 것이라는 생각이다. 필자는 조르바가 가장 멀리하는 책을 가장 가까이 하는 사람이지만, 하루 하루 조르바처럼 살았다는 것은 이 두 가지 삶이 반드시 별개의 것, 두 개의 삶이 되어야만 하는 것은 아니라는 점을 깨닫게 되었다.

니체가 말한 것처럼 우리는 과도기적인 중간자인 것이다. 그래서 우리는 영원히 죽지 않을 것처럼 살았어도 안 되고, 당장 내일 죽을 것처럼 살았어도 안 된다. 우리는 언젠가는 반드시 죽을 것처럼 살아야 한다.

- 위대한 질문 던지고 받기.

이 책을 통해 위대한 질문을 던지라고 한다면 필자는 이런 질문을 던지고 싶다.

' 당신은 죽은 지식인인가? 살아있는 자유인인가?'

마치 필자에게 던지는 질문인 것 같다. 책 나부랭이만을 보면서 살아가는 사람과 책을 넘어 세상과 대면하면서 살아가는 자유인 조르바와 같은 사람들이 만들어가는 이 세상은 아름답다. 현실과 이상 사이에서 우리는 춤추며 살아가야 한다. 그것이 최고의 삶이 아닐까?

그렇다면 자유롭게 산다는 것은 어떤 것인가?

자유롭게 살지 못 하는 사람들 중에 상상보다 더 많은 이들이 자유롭게 산다는 것이 어떤 것인지 몰라서 살지 못 하는 경우일 것이라고 최소한 나는 생각한다. 필자가 그런 사람들 중에 한 명이기 때문이다.

현대에는 노예가 없다. 하지만 현대인들이 모두 자유인

이라고 할 수 있을 까? 없을 것이다. 어떻게 살아야 자유롭게 사는 것인지 모르는 사람들이 많을 것이다. 이런 사실에 대해 한 번도 고민해 보지 않고 그저 살아가는 사람들이 훨씬 더 많을 것이다.

이 책은 바로 이런 자들을 위한 책이 아닐까?

그렇다면 이 책의 작가인 카잔차키스가 지향했던 자유란 무엇일까? 이 책이 우리에게 전해주는 메시지는 무엇일까? 필자가 끊임없이 반복하는 말이 바로 메시지일지도 모른다.

이 책의 메시지는 '일자무식' 할 수 있는 이 책의 주인공 조르바를 통해, 제발 좀 자유로운 삶에 대해 눈을 뜨라는 것이다. 조르바는 그러한 사실을 말로 하는 것이 아니라 자신의 삶을 통해, 실천을 통해, 당당하게 보여주고 있다.

자유로운 삶의 정수와 표상이 된 인물을 꼽으라고 한다면 필자는 장자를 꼽을 것이다.

장자를 좋아하는 사람들은 잘 알 것이다.

나무는 세 가지 종류의 삶을 살 수 있다고 한다. 베어지지 않고 온전히 뿌리를 보존한 채 무성하게 자라면 수명을 누릴 것이고, 잘려서 술잔이 되면 성대함을 누릴 것이고, 술잔이 아닌 부스러기로 버려진다면 자유를 누린다는 것이다.

인생은 어떨까? 왜 무엇인가에 매여서 평생을 살아야 한다는 말인가? 근심과 고통이 그런 것들 속에서 만들어지는 것은 아닐까? 욕망을 아무리 충족시켜도 또 다른 욕망이 생겨나기에 욕망을 충족시킨다고 해서 만족이 있는 것은 아니다.

자유롭게 산다는 것도 이와 다르지 않을 것이다. 하지만 그럼에도 불구하고 자유로운 삶을 살아가는 것이 무엇인가에 갇혀 살아가는 삶보다는 훨씬 더 나은 삶이라고 나는 생각한다. 그래서 나는 자유로운 삶을 동경하고, 추구하며 살아가고 싶은 것이다.

자유롭게 살 수 있는 방법을 놀랍게도 무식한 조르바가

너무나 잘 알고 있다는 것은 어떻게 설명해야 할 까?

“ 조르바가 고개를 가로저었다.

“ 아니오, 당신은 자유롭지 않아요. 당신이 묶인 줄은 다른 사람의 그것과 다를지도 모르오. 그래요, 두목, 당신은 긴 줄에 매여 있습니다. 당신은 그 사이를 오고 가면서 그걸 자유롭다고 생각하겠지요. 그러니 당신은 그 줄을 잘라 버리지 못해요, 그런 줄은 자르지 않으면.... .”

“ 언젠가는 자르게 될 거요.”

내가 오기를 부렸다. 조르바의 말이 내 상처의 정곡을 찔렀기 때문이었다.

“ 두목, 그건 당신에겐 불가능해요. 아주 어렵습니다. 그러려면 단순해져야 합니다. 아시겠어요? 당신이 가진 모든 걸 버려야 합니다. 하지만 당신에겐 좋은 머리가 있으니까 어떻게든 할 수 있겠지요. 인간의 머리란 식료품 상점과 같은 거에요. 계속 계산합니다. 얼마를 지불했고, 얼마를 벌었으니까 이익은 얼마고 손해는 얼마다! 머리란 좀스러운 가게 주인이지요. 가진 걸 다 걸어 볼 생각을 않고 꼭 비상금을 남겨 둡니다. 그러니 줄을 자를 수 없지요. 아니, 자르다니요! 오히려 더 붙잡아 맬 뿐이오, 그 멍청한 놈은! 줄을 놓쳐 버리면 머리라는 멍청이는 어쩔 줄 몰라 허둥지둥합니다. 그러면 모든 게 막을 내리는 거지. 그러니 인간이 이 줄을 자르지 못한다면 살 재미가 뭐 있겠소? 노란 카밀레 맛이지. 멀건 카밀레 차 말이오. 럼주 같은 맛이 나야 하는데 말이오. 잘라야 인생을 제대로 보게 되는데!" < 그리스인 조르바 중에서, 473 ~ 474쪽 >

조르바의 단순한 대답은 그 어떤 철학자의 장황한 설명보다 더 명쾌했다. 최소한 필자에게는 그렇다. 우리가 자유롭게 살지 못하는 단 한 가지 이유는 우리는 너무 계산적으로, 거래적으로 살아가고 있기 때문이다.

특히 자본주의 사회가 되어버린 지금 한국사회에서는 모든 것이 계산에 의해 이루어진다. 심지어 연애조차도 그렇다. 결혼도 그렇다. 그래서 자살률이 가장 높은 나라가 되었고, 이혼율이 가장 높은 나라가 되었던 것이다.

이런 측면에서 보면 모든 것이 설명이 가능하다. 우리는 너무 계산적이 되었다. 즉 우리는 너무 계산적이기 때문에, 절대 자유롭게 살 수 없게 되었던 것이다. 한국 사회가 피로사회라고 비평하는 사람들이 적지 않다. 그런데 따지고 보면 한국 사회가 그렇게 된 이유도 바로 이것이다.

우리는 너무 계산적이다. 그래서 우리에게 묶여져 있는 그 줄을 도저히 끊어 낼 수 없는 것이다. 그래서 우리는 눈에 보이지 않는 그 무엇인가의 노예로, 속박된 채 살아가고 있는 것이다.

당신이 진정한 자유인인지 묻는 것보다 오히려 당신이 계산적이지 않고 순수한지를 묻는 것이 더 명확할 것 같다. 아이들이 어른들보다 행복한 이유는 바로 이것이다. 순수하기 때문이다. 최소한 아이들은 덜 계산적이다.

– 행복을 보는 시각 엿보기.

이 책이 제시하는 행복론은 무엇일까? 곰곰이 그것을 살펴보면, 결론은 간단하다. 행복하기 위해서는 행복을 느낄 수 있는 마음만 있으면 된다는 것이다. 결국 행복은 마음의 문제라는 것이다.

" 우리는 밤늦게까지 불 옆에 앉아 있었다. 행복이라는 건 포도주 한 잔, 밤 한 톨, 허름한 화덕과 바닷소리처럼 단순하고 소박한 것이라는 생각을 했다. 다른 건 필요하지 않았다. 지금 이 순간이 행복하다고 느끼는 데 필요한 것은 단순하고 소박한 마음이 전부였다." < 107쪽 >

그의 말은 1000% 정도 맞는 말이라고 나는 생각한다. 우리가 행복을 느끼는 데 필요한 것은 단순하고 소박한 마음이 전부다. 그 이상은 전부 거품일 것이다.

우리는 알고 있다. 이미 이 사실을, 이 진리를, 하지만 문제는 실천할 수 없다는 것이다. 왜 실천할 수 없는 것일까?

욕심이 많기 때문이다. 욕망이 많기 때문이다.

그래서 우리는 스스로 불행한 삶 속으로 풍요를 가지고 뛰어 들어가고 있는 것이다.

‘ 우리는 교육받은 사람들의 지성보다 더 깊고 더 훌륭한 그의 긍지에 찬 태도를 존경했다. 우리들 같았으면 고통스럽게 몇 년을 걸려 얻을 철학을 그는 단번에 그 정신의 높이에 도달할 수 있었다. 우리는 ’ 조르바는 위대한 사람 ‘이라고 말했다. 만약 그가 그 높이에서 더 올라갔다면 ’ 조르바는 미치광이다. ‘ 라고 했을 것이다.’ < 483쪽 >

무거운 지식인들보다 가볍지만 결코 가볍지 않은 조르바의 삶이 훨씬 더 행복한 이유는 무엇일까?

‘ 브라보, 아주 좋아요!’

조르바는 박자를 맞추느라고 손뼉을 치며 외쳤다.

“브라보, 젊은이! 종이와 잉크는 지옥으로나 던져 버려! 상품과 이익 따위. 광산, 인부, 수도원, 그 따위 것들은 모두 잊어요. 이것 봐요. 당신이 나의 언어인 춤을 배우면 우리가 서로 나누지 못할 이야기가 어디 있겠소! ‘

그가 더 행복한 이유는 상품과 이익 따위는 다 던져 버리기 때문이다. 상품과 이익은 결국 세상에 내 놓을 스펙이고, 학벌이고, 인맥이다. 그러한 것들이 우리를 성공으로 이끌고 행복하게 이끌고 갈 것이라는 생각은 착각이다.

그런 것들이 없는 조르바를 보라. 그는 훨씬 더 행복하고 자유롭다.

인생을 진정 기뻐하고 누리고 즐거워하며 사는 사람이 필자는 좋다.

똑같이 도서관에서 하루 종일 책을 보는 두 사람이 있다. 그런데 두 사람의 모습은 전혀 다르다. 한 사람은 책을 진정으로 누리고, 기뻐하고, 즐거워하는 듯 보인다. 바로 필자의 모습이었다.

그런데 다른 한 사람은 미래의 성공과 부를 생각하며 하루하루 책을 보는 것이 정말 고역이고, 의무이고, 감옥인 것처럼 보였다.

도서관에 가 보면 이런 사람들이 적지 않다. 미래를 위해서 현재는 포기하는 사람들 말이다.

조르바는 이렇게 살지 말라고 온 몸으로 말하고 있다. 미래를 위해 현재를 포기하지 말고, 현재를 위해 미래를 포기하라고 말한다. 오히려 지금 이 순간, 누리고 기뻐하고 즐거워하라고 말한다.

그런데 더 놀라운 깨달음은 지금 이 순간, 누리고 기뻐하고 즐거워하면, 미래도 그렇게 된다는 것이다.

사실 필자는 부와 성공을 위해서 좋은 대학을 가기 위해서, 좋은 직장에 가기 위해서, 빨리 승진하기 위해서 누구보다도 더 열심히 현재를 포기하고, 미래에 투자했다.

하지만 평범함에서 벗어나지 못했다.

그래서 다 포기하고, 자기 자신에게 최고의 기회를 주기로 했다. 진짜 하고 싶은 것, 진짜 가슴 설레는 것을 하고 싶었고, 월급을 벌어야 하는 의무감도 버리고, 그저 나 자신을 위해서 진짜 하고 싶은 것을 하게 되었다.

미친 듯이 책만 본 것이다. 현재를 조르바처럼 그렇게 누리고 기뻐하고 즐거워했다. 도서관에서 미친 듯이 책을 가슴에 껴안고 춤을 춘 적이 있다. 정말 조르바였다.

그렇게 3년 동안 아무 계획 없이, 아무 준비 없이, 그저 현실에 충실했다. 그렇게 되자 5년 후 베스트 셀러 작가가 되어 있고, 김병완 칼리지, 김병완 미래경영연구소, 한국 MRP 코칭 센터 대표가 되어 있는 것이다.

필자는 지금도 목표는 가지고 있지만, 절대 목표에 집착하거나 연연해 하지 않는 다. 다만 현재를 누리고, 기뻐하고 즐거워할 뿐이다.

행복은 부와 성공과 다른 것이다. 진짜 행복은 언제든지 사라질 수 있는 부와 성공이 아니다. 행복은 바로 지금 이 자리에 있을 뿐이다. 그것을 바라볼 수 없는 눈을 가진 당신은 행복에 대해서는 장님인 것이다.

이제 모두 행복에 대해서 눈을 뜨는 것이 필요하다. 이 책은 진짜 자유와 행복에 대해서 눈을 뜰 수 있게 해 주는 책이다. 꼭 한번 읽어 보자. 한 번으로 안 된다. 두서너 번 읽어 보면 더 좋다.

– 인생을 조르바처럼 살아보기.

우리의 인생을 조르바처럼 살아보면 어떨까? 정말 멋질 것 같다. 그렇다면 딱 한 달 만이라도 조르바처럼 살아보는 것은 안 될까?

조르바처럼 산다는 것은 어떻게 산다는 것을 말하는 것일까? 그것은 바로 매 순간 온 몸으로, 열정적으로 산다는 것을 말한다.

" 앞날이 걱정된다고 했소? 난 어제 일은 어제로 끝나오. 내일 일을 미리 생각하지도 않소. 나한테 중요한 건 지금 이 순간에 일어나는 일뿐이오. 나는 늘 나에게 묻소. '자네 지금 뭐 하나?' ' 자려고 하네.' '그럼 잘 자게.' '지금은 뭘 하는가?' '일하고 있네.' '열심히 하게.' '지금은 뭘 하고 있나?' '여자랑 키스하네.' '잘해보게. 키스할 동안 다른 건 모두 잊어버리게. 이 세상에는 자네와 그 여자밖에 없는 걸세. 실컷 키스하게.' "

한 마디로 조르바처럼 산다는 것은 아무것도 계산하지 않는 순순한 열정으로 매 순간 충실하게 살아가는 것을 말한다.

우리가 그에게서 가장 먼저 배워야 할 것은 조르바처럼 계산하지 않고 살아가는 방법이다. 우리는 우리 자신의 것을 너무 챙기려고 하기 때문에, 너무 손해 보지 않고 살아가려고 하기 때문에 큰 것을 얻지 못 하는 경우가 많다.

기존의 것을 하나도 포기하지 않으려고 하면서, 더 많은 것을 얻으려고 한다. 그래서 욕심이 지나쳐서 결국 죽도 밥도 안 되는 것이다.

필자가 11년 동안 직장 생활을 할 때 정확히 이런 상황이었다. 좋은 직장, 거액의 연봉, 사회적 지위와 평판, 타인의 시선과 부러움 등을 모두 포기할 수 없었기 때문에 헛 된 인생을 살았던 것이다.

껍데기는 좋아 보이지만, 알맹이는 썩어 들어갔다. 무미건조한 인생 그 자체였다. 그러다가 용기를 내었다.

좋은 직장, 거액의 연봉, 사회적 지위와 평판, 타인의 시선과 부러움을 모두 포기했다. 그렇게 포기하자 결국 비교도 안 되는 더 좋은 것들을 얻게 되었다.

우리에게 묶인 줄을 자르지 못한다면 우리는 절대 더 나은 인생을 살아갈 수 없다. 인생 혁명이란 불가능하다. 아무것도 잃지 않고, 포기하지 않고, 그 줄을 자를 수가 없는 법이다.

무엇인가를 포기하고, 내려놓고, 버려야만 더 좋은 것들을 얻을 수 있고, 가질 수 있다. 그렇기 때문에 조르바처럼 살 필요가 있다.

너무 계산적인 사람이 되어서는 안 되는 이유가 이것이다. 필자는 3년 동안 월급 한 푼 안 받고 도서관에 매일 출근하다시피 하면서 책만 읽었다.

하루 열 시간 혹은 열다섯 시간 동안 책을 읽는 다고해서, 누가 대학 졸업장을 주는 것도 아니다.

조르바처럼 계산하지 않고, 매 순간 열정을 가지고 충실하게 살지 않았다면 절대로 할 수 없는 일이다. 그런데 그런 경험이 지금은 엄청난 재산이 되었다.

외형적으로 실패했다고 진정한 실패가 아니다. 오히려 그것은 실패가 아니라 성공인지도 모른다.

탄광 사업이 쫄딱 망한 뒤에 조르바는 좌절에 몸부림치며 후회하는 것이 아니라 덩실덩실 춤을 춘다. 왜 일까? 그것이 실패가 아니라 오히려 자유로 가는 토대가 되기 때문일 것이다.

더 잃을 게 없을 정도로 다 잃어버릴 정도로 무엇인가에 도전하고 최선을 다 해 봤는가?

조르바는 매 순간 충실하게 열정을 다해 살았기 때문에 결과에 연연하지 않고, 결과를 겸허히 수용하고, 새로운 도전을 지속할 수 있는 것이다.

외부적으로 실패자지만 조르바는 정복자임에 틀림없다. 그는 그런 과정을 통해 더할 나위 없는 긍지와 환희를 느끼기 때문이다.

조르바를 찬양할 생각은 전혀 없다. 하지만 조르바처럼 사는 것은 쉽지 않다. 왜냐하면 바보가 되어야 하기 때문이다. 그리고 용기도 필요하기 때문이다.

어떤 작가가 이 나라에선 마흔 살이 넘으면 다른 삶이 없다고 이야기했고, 그 말을 들은 또 다른 작가가 이 말을 듣고 가슴이 절절하게 아파왔다고 한다. 하지만 필자는 그것은 어디까지나 의견에 불과하다고 정면으로 반박하고 싶다.

이 나라에서 마흔 살이 넘어서 다른 인생을 용감하게 살아가고 있는 사람들이 적지 않기 때문이다. 그리고 그런 사람들의 단 한 가지 공통점은 바보처럼 기존의 것들을 포기할 수 있었기 때문이라고 말하고 싶다.

바보로 산다는 것은 결국 계산하지 않고, 기존의 것들

을 다 포기할 줄 아는 그런 순수한 열정에서 비롯되어야 한다. 그런 점에서 너무 똑똑해서 계산하지 않을 수 없는 사람들은 절대 제 2의 인생을 성공적으로 살아갈 수 없다.

"오늘 배우지 않으면서 내일이 있다고 말하지 말며, 올해 배우지 않으면서 내년이 있다고 말하지 마라. 해와 달은 가고 세월은 나를 기다려주지 않으니 아, 늙었도다. 이 누구의 허물인가? 소년은 늙기 쉽고 학문은 이루기 어려우니, 잠시의 시간도 가볍게 여기지 마라. 연못가의 봄풀은 아직 꿈에서 깨지 못했는데, 댓돌 앞의 오동나무 잎은 이미 가을 소리를 전하는구나."

『명심보감』「권학勸學」편과 『고문진보古文眞寶』에 담겨있는 주자朱子가 쓴 '권학문'이다.

많은 사람이 내일이 있다고 자만한다. 그래서 오늘 읽어야 할 책을 읽지 않고, 오늘 배워야 할 공부를 하지 않고, 오늘 해야 할 것들을 내일로 미룬다.

삶의 활력을 찾아주기 위한 취미생활이나 심심풀이로 하는 일들은 오늘 하지 않아도 그만이다. 하지만 오늘 읽어야 할 책을 내일로 미루는 것은 인생에 있어서 가장 큰 낭비라고 생각한다.

오늘 읽어야 할 책을 내일로 미룬다는 것은 영원히 미룬다는 것이 되기 때문이다. 또한 오늘 읽으면 내일이 되기 전에 좀 더 세상을 넓게 보고, 깊게 이해할 수 있는 무시무시한 통찰력과 사고력이 생겨서, 인생을 훨씬 더 크고 넓게 살아갈 수 있다.

하지만 오늘 읽지 않고 내일로 미루게 되면, 하루만큼 손해이다. 그런데 이것이 쌓이게 되면 나중에는 도저히 감당할 수 없을 만큼 큰 격차가 생길 수밖에 없다.

독자들이 아니라 나 자신에게 항상 다짐하고 있는 것이 이것이다.

하루하루 흐르는 시간을 절대 가볍게 보내지 않는다는 것이다.

오늘 읽어야 할 책은 반드시 오늘 읽고, 오늘 써야 할 책은 반드시 오늘 쓴다. 이것이 필자의 원칙이기도 하다.

바로 이러한 원칙 덕분에 필자는 1년 전과 6개월 전이 엄청나게 다른 사람이 되었고, 심지어 한 달 전과 지금이 엄청나게 다른 사람이 될 수 있었다.

너무 많은 사람이 돈은 무겁게 여기면서, 그래서 돈을 가볍게 낭비하지 않으면서도 돈보다 더 중요한 시간은 너무 가볍게 보내는 듯하다.

누군가를 만나서 이야기를 나누는 것은 매우 인간적이고 좋은 것이다. 하지만 쓸데없이 잡담만 늘어놓으면서 서로의 시간만 잡아먹는 경우는 시간을 너무 가볍게 쓸모없이 보내는 것에 불과하다.

오히려 혼자 조용히 사색하고, 산책하는 것이 시간을 더 잘 보내는 것이며, 가볍게 보내지 않는 것이라고 필자는 생각한다.

사색과 산책은 매우 중요한 것이기 때문이다. 독서도 결국 사색과 산책의 연장선에 있다고 생각할 정도다.

순식간에 흐르는 시간을 너무 가볍게 보내면, 나중에

반드시 후회하게 된다. 오늘 읽어야 할 책을 오늘 읽고, 시간을 잘 보내는 사람은 절대 망하지 않는 다.

시간이 없어서 책을 읽지 못한다고 변명 같지 않은 변명을 하는 사람들을 보면 어이가 없다.

하루에 30분은 아무리 바빠도 신문을 보거나, 뉴스를 시청하고, 밥을 먹기 때문이다. 밥을 먹는 것보다, 신문이나 뉴스를 보는 것보다 인생 명저를 가까이하는 것이 훨씬 더 중요하다. 거짓말이 아니다.

많은 사람이 매일 신문이나 뉴스를 보거나 시청하는 데 30분을 투자하지만, 인생이 절대 달라지지 않았다. 하지만 누군가가 매일 30분을 투자하여 인생 명저를 탐독하게 된다면, 그 사람의 인생은 반드시 달라질 것이다. 필자가 장담할 수 있는 것 중 하나가 바로 이것이다.

필자를 믿고 인생 명저를 매일 30분씩 탐독해 보자. 인생이 달라질 것이다.

판권

종이책 : 값 11,000 원

초판 인쇄: 2025년 11월 30일
초판 발행: 2025년 11월 30일

지은이: 김병완
발행인: 플랫폼연구소

출판등록: 제 2020-000075호

전화: 010-3920-6036 / 02-556-6036
이메일: pflab2020@naver.com

주소:서울시 강남구 삼성동 116 백우빌딩 402호

ISBN 979-11-91396-92-8(03190)